IGUALDADE
E DIFERENÇA

Dados Internacionais de Catalogação na Publicação (CIP)
(Câmara Brasileira do Livro, SP, Brasil)

Barros, José D'Assunção
   Igualdade e diferença : construções históricas e imaginárias em torno da desigualdade humana / José D'Asssunção Barros. – Petrópolis, RJ : Vozes, 2016.

   Bibliografia
   ISBN 978-85-326-5178-5

   1. Desigualdade social 2. Diferenças individuais
   3. Ensaios brasileiros 4. Igualdade social I. Título.

15-09680   CDD-981

Índices para catálogo sistemático:
1. Brasil : Igualdade e diferença : História
   social   981

José D'Assunção Barros

Igualdade
e Diferença

*Construções históricas
e imaginárias em torno
da desigualdade humana*

Petrópolis

© 2016, Editora Vozes Ltda.
Rua Frei Luís, 100
25689-900 Petrópolis, RJ
www.vozes.com.br
Brasil

Todos os direitos reservados. Nenhuma parte desta obra poderá ser reproduzida ou transmitida por qualquer forma e/ou quaisquer meios (eletrônico ou mecânico, incluindo fotocópia e gravação) ou arquivada em qualquer sistema ou banco de dados sem permissão escrita da editora.

Diretor editorial
Frei Antônio Moser

Editores
Aline dos Santos Carneiro
José Maria da Silva
Lídio Peretti
Marilac Loraine Oleniki

Secretário executivo
João Batista Kreuch

Editoração: Maria da Conceição B. de Sousa
Diagramação: Sandra Bretz
Capa: Ygor Moretti

ISBN 978-85-326-5178-5

Editado conforme o novo acordo ortográfico.

Este livro foi composto e impresso pela Editora Vozes Ltda.

Sumário

Prefácio, 7

Primeiro ensaio – Igualdade, desigualdade e diferença: três noções em diálogo, 9

   1 Igualdade, desigualdade e diferença: aproximações de sentido, 9

   2 Igualdade, desigualdade e diferença: uma leitura semiótica, 16

   3 Sexualidades e diferenças de gênero, 18

   4 Nacionalidades, religiosidades, etnias e outras diferenças, 23

   5 As diferenças são essências construídas (e em construção), 29

   6 Desigualdade, diferença e suas interações sociais, 32

   7 Desigualdade e diferença: deslocamentos históricos, 40

   8 Mulher: da incompletude medieval às lutas pela plenitude, 42

   9 Infância: do adulto incipiente à singularidade infantil, 46

   10 Diferença desigual e desigualdade diferente, 48

   11 A diferença das almas, 53

   12 Loucura: rede para captar diferenças e impor desigualdades, 55

   13 Diferenças ou desigualdades de aprendizado?, 59

   14 Seleção social da diferença, 60

   15 Indiferença, 63

   16 Políticas de afirmação: desconstruindo a indiferença, 65

   17 Igualdade aritmética e igualdades geométricas, 69

18 Fórmulas para enfrentar a desigualdade econômica, 71

19 Algumas conclusões, 73

Segundo ensaio – Igualdade: trajetórias de uma noção no imaginário político, 75

1 Igualdade no âmbito religioso, 75

2 Igualdade no mundo laico: primórdios da matriz liberal, 78

3 Contraponto da igualdade radical: a "matriz Rousseau", 87

4 A assimilação de Locke e Rousseau pelo pensamento burguês, 92

5 As resistências à noção de igualdade, 97

6 Duas questões fundamentais sobre a igualdade, 100

7 Utopia platônica: a desigualdade planejada, 102

8 Admirável mundo novo: a desigualdade clonada, 105

9 As democracias liberais e a desigualdade oculta, 108

10 Igualitarismos: a história continua, 111

11 As utopias dos homens sábios, 112

12 Falanstérios, 118

13 Na prática, a utopia é outra, 123

14 As utopias da abundância, 130

15 Revolucionários radicais, 137

16 Reforma radical, 141

17 A igualdade de ferro de uma utopia industrial militarizada, 146

18 A crítica de Marx e Engels aos socialistas utópicos, 151

19 Distribuindo a igualdade, 154

20 Igualdade e diferença: notas sobre as confusões conceituais, 160

Palavras finais, 167

Referências, 171

Índice remissivo, 181

Índice onomástico, 183

Prefácio

Este livro é constituído de dois ensaios que discutem questões relacionadas à igualdade, diferença e desigualdade humanas.

Com o primeiro ensaio, busca-se concretizar uma reflexão sobre os diversos aspectos que envolvem a relação entre a desigualdade social e a diferença. Como a desigualdade torna-se diferença, e como a diferença transforma-se em desigualdade social? Que padrões de desigualdade podem estar paradoxalmente ocultos nos modelos de distribuição que visam estabelecer a igualdade dentro de uma sociedade? Até que ponto as diferenças são construções históricas elaboradas pelas várias sociedades humanas, e como estas construções histórico-sociais terminam por sedimentar a desigualdade no seio das sociedades? Como tem se expressado a relação entre desigualdade e diferença nos diversos âmbitos da vida humana e social, entre os quais a sexualidade, as relações de gênero, a diversidade étnica, a religiosidade, a educação, a saúde, a nacionalidade? Estas são as questões que norteiam o primeiro ensaio deste livro.

Considerando que a própria ideia de igualdade social tem também uma história complexa, e que esta história é constituída de muitas trajetórias históricas que se entrelaçam e colidem umas com as outras, o segundo ensaio deste livro procura delinear e refletir sobre algumas das mais notórias trajetórias da noção de igualdade no pensamento político do Ocidente, situando-as historicamente nos seus vários contextos possíveis. Da igualdade liberal à igualdade radical, passando pela igualdade utópica, busca-se perceber também como a noção de igualdade entrechocou-se, em muitos momentos, com outras noções importantes do pensamento político, como a de "liberdade" e a de "identidade".

Não se trata propriamente de sintetizar uma história dos vários movimentos sociais que empunharam o ideal da igualdade, o que seria obviamente um projeto muito mais ambicioso e que não poderia ser desenvolvido nos limites deste pequeno livro. Trata-se, sim, de investigar livremente, em uma perspectiva ensaística, como o imaginário da igualdade apresentou-se, de modo mais geral, ao homem ocidental no decorrer de sua história social e política. Para tal, a análise incidirá sobre diversos tipos de fontes, dos tratados filosóficos e obras literárias aos manifestos políticos, atentando particularmente para o que estes textos nos revelam de uma "imaginação da igualdade" no decurso da história humana. Será nosso objetivo verificar como a ideia de igualdade adquire uma forma específica em textos como *A república*, de Platão, *Discurso sobre a origem e os fundamentos da desigualdade entre os homens*, de Jean-Jacques Rousseau, *Tratados sobre a sociedade civil*, de Locke, ou ainda obras de imaginação como *Utopia*, de Thomas Morus, *Cidade do sol*, de *Campanella*, ou *Admirável mundo novo*, de Aldous Huxley. Buscaremos entender de que igualdade nos fala Charles Fourier na sua concepção de um mundo organizado em *falanstérios*, ou de que tipos de igualdade nos falaram as seitas radicais da Revolução Inglesa ou as correntes políticas que eclodem durante e depois da Revolução Francesa.

Sem pretender senão introduzir uma reflexão livre sobre este assunto tão complexo e vasto, espera-se que o ensaio atenda aos propósitos de configurar uma introdução histórica e filosófica ao imaginário político que se desenvolve em torno da eterna busca da igualdade social.

Primeiro ensaio

Igualdade, desigualdade e diferença: três noções em diálogo*

1 Igualdade, desigualdade e diferença: aproximações de sentido

Igualdade é uma noção tão antiga quanto complexa. Já de princípio, contrasta simultaneamente com duas outras noções que sempre marcaram uma presença análoga no decurso da história humana. Por um lado *igualdade* opõe-se a *diferença*, mas por outro lado contradita-se com *desigualdade*.

Existe, naturalmente, uma distinção sutil envolvida nestes dois contrastes. Quando se considera o par "igualdade x diferença" (ou "igual" x "diferente"), tem-se em vista algo da ordem das essências: uma coisa ou *é* igual a outra, pelo menos em um determinado aspecto, ou então dela difere. Podemos, no âmbito de um certo número de indivíduos, considerar sua igualdade ou diferença em relação ao aspecto sexual, ao aspecto profissional, ao aspecto étnico, e assim por diante. A oposição entre igualdade e diferença, se quisermos colocar

---

* O presente ensaio corresponde ao desenvolvimento de um artigo publicado na revista *Análise Social* ("Igualdade, desigualdade e diferença". *Análise Social*, n. 175, 2005, p. 345-366. Lisboa). Posteriormente, o desenvolvimento de um dos aspectos evocados pelo artigo (a discussão das desigualdades geradas pela percepção de diferença de cor da pele), gerou o livro *A construção social da cor*, publicado pela Editora Vozes em 2009.

a questão sob uma perspectiva semiótica, é da ordem dos "contrários" (de duas essências que se opõem)[1].

Já o contraste entre *igualdade* e *desigualdade* refere-se quase sempre não a um aspecto "essencial", mas sim a uma "circunstância" associada a uma forma de tratamento, mesmo que esta circunstância aparentemente se eternize no interior de determinados sistemas políticos ou situações sociais específicas. Tratam-se dois ou mais indivíduos com igualdade ou desigualdade relativamente a algum aspecto ou direito, conforme sejam concedidos mais privilégios ou restrições a um e a outro. Isso pode ocorrer independentemente de serem eles iguais ou diferentes no que se refere ao sexo, à etnia ou à profissão. Se é verdade que as mulheres podem receber um tratamento desigual em relação aos homens no que concerne às oportunidades de trabalho, e aqui estaremos falando na *desigualdade entre os sexos*, é também possível tratar desigualmente dois homens que em nada difiram em relação a alguns dos seus aspectos essenciais (idade, sexo, profissão etc.). Ou seja, desigualdade e diferença não são noções necessariamente interdependentes, embora possam conservar relações bem definidas no interior de determinados sistemas sociais e políticos.

Distintamente da oposição por "contrariedade" que se estabelece entre igualdade e diferença, a oposição entre igualdade e desigualdade é da ordem das "contradições". Bem-entendido, as contradições são sempre circunstanciais, enquanto os contrários opõem-se ao nível das essências. As contradições são geradas no interior de um processo, têm uma história, aparecem em determinado momento ou situação. De resto, pode-se dizer que os pares contraditórios integram-se dialeticamente dentro dos processos que os fizeram surgir. Por seu turno,

---

1 Será fundamental, para a compreensão deste ensaio e das ideias aqui apresentadas, o entendimento do sentido que estaremos atribuindo à expressão "essências". As essências, conforme as entenderemos, são "modalidades de ser", por contraste às circunstâncias enquanto "modalidades de estar" ou de "ter". Nada neste ensaio, quando estivermos empregando a expressão "essências", estará remetendo às "teorias essencialistas". A expressão estará sendo empregada em um sentido filosófico de essências que são construídas, e não de realidades que já existem previamente à ação humana. Este aspecto ficará claro mais adiante.

os contrários não se misturam (amor e ódio, verdade e mentira, igual e diferente), e desta forma fixam muito claramente o abismo de sua contrariedade. Logo veremos que essa distinção entre "contrários" e "contradições" tem implicações importantes.

Para o caso de que presentemente tratamos, é preciso considerar, antes de mais nada, que as diferenças são inerentes ao mundo humano – para não falar do mundo natural. De modo geral, a ocorrência de diferenças de toda a ordem não pode ser evitada através da ação humana. Vale ainda dizer que a ocorrência de diferenças no mundo social está atrelada à própria diversidade inerente ao conjunto dos seres humanos, seja no que se refere a características pessoais (sexo, etnia, idade) seja no que se refere a questões externas (pertencimento por nascimento a essa ou àquela localidade, ou cidadania vinculada a este ou àquele país, p. ex.).

O reconhecimento da inevitabilidade da ocorrência de diferenças reflete-se no fato de que são bem raros os projetos políticos que se proponham a lutar para eliminar certos tipos de diferenças como as sexuais, etárias ou profissionais. Não estamos falando ainda da possibilidade de eliminar ou reduzir as *desigualdades* sexuais, etárias ou profissionais, o que seria uma questão de outra ordem. Com relação às diferenças étnicas, existem no limite os projetos de extermínio, os quais seguem, no entanto, sendo excepcionais. Para esse extremo pode-se exemplificar com o projeto de eugenia proposto entre os anos 1920 e 1945 por alguns dos dirigentes do nazismo alemão, que preconizava a possibilidade de abolir diferenças seja através do extermínio (de judeus, negros, ciganos, eslavos) ou mesmo através de experiências genéticas para atingir o tipo "ariano puro" e de programas de esterilização de indivíduos com características não desejáveis. De todo o modo, a despeito das distopias imaginárias construídas pelo cinema e pela literatura, e dos projetos de extermínio gerados pelos pesadelos totalitários da história real, pode-se prever que sempre existirão homens e mulheres, diversas variações étnicas, indivíduos de várias faixas etárias, bem como profissões as mais diversas[2]. Se as diferenças são inevitáveis e desejáveis, pode-se sonhar, entretanto, que um dia elas serão tratadas socialmente com menos desigualdade. Por isso, as lutas sociais não se orientam em geral para abolir as diferenças, mas sim para abolir ou minimizar as desigualdades.

Enquanto pensar diferenças significa se render à própria diversidade humana, já abordar a questão da desigualdade implica considerar a multiplicidade de espaços em que esta pode ser avaliada. Avalia-se a desigualdade no âmbito de determinados critérios ou de certos espaços de critérios: rendas, riquezas, liberdades, acesso a serviços ou a bens primários, capacidades. Indagar sobre a desigualdade significa sempre recolocar uma nova pergunta: Desigualdade de quê? Em relação a quê? Conforme foi ressaltado, a desigualdade é sempre circunstancial, seja porque está localizada historicamente dentro de um processo, seja porque estará necessariamente situada dentro de um determinado espaço de reflexão ou de interpretação que a especificará (um determinado espaço teórico definidor de critérios, por assim dizer). Falar sobre desigualdade implica nos colocarmos em um ponto de vista, em um certo patamar ou espaço de reflexão – econômico, político, jurídico, social, e assim por diante. Mais ainda, implica arbitrarmos ou estabelecermos critérios mais ou menos claros dentro de cada espaço potencial de reflexão.

Vale acrescentar, também, que qualquer noção de desigualdade não pode ser senão circunstancial, em parte porque estão sempre su-

---

2 Exemplo de distopia literária e cinematográfica que tematiza um projeto de eliminação de diferenças – no caso as diferenças etárias entre velhos e novos – é trazido por *Logan's Run*, filme produzido por Michael Anderson (n. 1920) a partir de uma obra literária escrita em 1967 (Nolan e Johnson). Aqui é-nos apresentada uma sociedade futurista que, através de um controle populacional implacável, teria conseguido desenvolver um sistema para impedir a existência de faixas etárias superiores aos trinta anos. Ao chegarem a esta idade, todos os seres humanos precisam ser "renovados" através de um sacrifício ritual que é oferecido ao público sob a forma de um concorrido evento-espetáculo chamado *Carrossel*. Neste, os indivíduos que completaram 30 anos são introduzidos em uma estrutura fechada. Sobre um chão circular giratório, e sob uma multidão de olhares de espectadores excitados, preparam-se então para serem postos a flutuar e serem bombardeados por raios mortíferos. A distopia descrita, desta maneira, realiza o pesadelo de uma sociedade que encontrou uma forma de exterminar todo o espectro etário superior aos trinta anos.

jeitos a um incessante devir histórico os próprios critérios diante dos quais a desigualdade poderia ser pressentida ou avaliada. As noções que afetam o mundo das hierarquias sociais e políticas transfiguram-se, entrelaçam-se e desentrelaçam-se de acordo com os processos históricos e sociais.

Um exemplo será particularmente elucidativo. Nos tempos modernos, os três grandes âmbitos em que se pode estabelecer uma hierarquia social de qualquer tipo – portanto, os três grandes âmbitos que regem o mundo da desigualdade humana – são a riqueza, o poder e o prestígio (pode-se discutir, ainda, a cultura, no sentido institucionalizado). Mas o que é falar hoje de riqueza? É certamente falar também de propriedade. Estas noções estão entrelaçadas na modernidade capitalista: a riqueza encobre a propriedade, abrangendo-a, mesmo que não se reduzindo a ela. Vale dizer, se toda a riqueza, no mundo moderno, não se expressa necessariamente sob a forma de propriedade... não há como negar, por outro lado, que a propriedade é, na atualidade, uma das formas mais poderosas de expressão da riqueza (dito de outra forma, a riqueza compra a propriedade; é a forma de acesso, por excelência, à propriedade).

Nem sempre foi assim. Na Antiguidade, por exemplo, riqueza e propriedade eram noções perfeitamente desentrelaçadas. Portanto, os critérios para a avaliação da desigualdade deveriam considerar cada uma dessas noções em separado, como espaços diferentes que integrariam a desigualdade no sentido complexo. Na Grécia antiga, a propriedade significava que o indivíduo possuía concretamente um lugar no mundo (na *polis*), e que, portanto, pertencia ao mundo político com os consequentes direitos à cidadania[3]. Por isso, a riqueza de um estrangeiro, ou mesmo de um escravo, não substituía essa propriedade que era exclusiva dos cidadãos, e não lhe conferia obviamente um acesso ao mundo político.

---

3 Arendt, 1989, p. 71 [original, 1958].

Percebe-se aqui que o poder entrelaçava-se então com a propriedade, e ambos situavam-se em um espaço de conexões em separado da riqueza. Além de poder, propriedade e riqueza, havia um quarto critério gerador de espaços de desigualdade, que era o da liberdade. No mundo da escravidão antiga, como no mundo da escravidão moderna (o Brasil ou a América colonial, p. ex.), a liberdade ou a escravidão seriam noções óbvias para serem consideradas em uma avaliação mais sistemática da desigualdade humana – isto é, se houvesse qualquer interesse, então, em avaliar no sentido mais amplo a desigualdade humana[4]. Hoje a liberdade de todos os indivíduos, como valor ideal e no sentido lato, é fundo comum para qualquer sociedade moderna que se declare democrática. Deixa, portanto, de ser um critério a partir do qual se possa pensar a desigualdade (mas é claro que podemos pensar na "liberdade de expressão" ou na "liberdade de ir e vir", conforme veremos depois). Por outro lado, não é preciso pontuar a propriedade como critério hierárquico, como faziam os antigos gregos, já que na modernidade capitalista a riqueza abrange a propriedade. Esse contraste entre o mundo antigo e o mundo moderno será suficiente, por ora, para registrar a circunstancialidade dos próprios critérios a partir dos quais se pode pensar a questão da desigualdade social.

De resto, o que obriga a falar em *circunstâncias* para as questões relacionadas à desigualdade é o fato de que qualquer desigualdade que esteja sendo imposta a um grupo ou a um indivíduo está sujeita ela mesma à circunstancialidade histórica, sendo em última instância reversível. O grupo humano que está privado de determinados direitos pode reverter a sua situação através da ação social – sua e de outros. Pelo menos em tese, não existem desigualdades imobilizadas

---

4 Quando Aristóteles discorre sobre a desigualdade, p. ex., não está nem um pouco preocupado com a desigualdade gerada pela escravidão. Para ele, é ponto pacífico que "os escravos só poderiam deixar de existir em um mundo onde os fusos trabalhassem sozinhos". Ele põe-se a refletir sobre a desigualdade no mundo político, no mundo da cidadania. Também não tem qualquer preocupação em refletir sobre a desigualdade relacionada ao contraste entre o mundo feminino e o mundo masculino.

no mundo social. Enquanto isso, no mundo das diferenças, teríamos na oposição biológica entre homem e mulher uma realidade contundente, ainda que esta possa se mostrar mais complexa através da ocorrência de outros diferenciais sexuais que serão discutidos mais adiante. Da mesma forma, os seres humanos mostram-se todos sujeitos a atravessarem diferentes faixas etárias sem reversibilidade possível, e não há como lutar contra isto, mesmo que seja possível minimizar ou adiar os graduais efeitos da passagem do tempo sobre o corpo humano individual.

Enfim, para resumir esta primeira aproximação, pode-se dizer que em geral a diferença se coloca no âmbito do ser, enquanto a desigualdade pertence inteiramente ao mundo da circunstância. Vermelho é *diferente* do azul, mas um pintor pode dispensar um tratamento *desigual* ao uso destas duas cores em uma pintura, conforme enfatize mais uma ou outra. Para este exemplo, acabamos de falar em desigualdade relativamente a um espaço de critérios específico, que é o da utilização quantitativa de cores diferentes pelo artista. Mas poderíamos falar de uma desigualdade entre duas cores no que se refere ao espaço simbólico que o artista atribuiu-lhes em uma certa obra (mesmo que a cor valorizada não seja aquela que é mais utilizada conforme o critério quantitativo).

A metáfora das cores pode ajudar a compreender o universo social. Uma etnia marca necessariamente suas *diferenças* (físicas ou culturais) em relação a uma outra, mas ao mesmo tempo ocorre que uma determinada sociedade pode produzir *igualdade* ou *desigualdade* conforme se atribua a cada uma destas etnias maior ou menor espaço social ou político. As colisões também podem ocorrer aqui: é possível tratar certo grupo social com igualdade política, mas ocorrendo por outro lado uma nítida desigualdade econômica. De todo modo, é preciso ainda acrescentar que no mundo humano o objeto que reflete a diferença ou a desigualdade não é simplesmente como uma cor na paleta de um artista, mas sim um ser pensante, capaz de refletir sobre a diferença que o caracteriza ou sobre a desigualdade que o atinge. Esse aspecto é fundamental porque torna as diferenças e desigualdades no mundo humano muito mais complexas, já que sujeitas a autorreferências: as diferenças podem ser afirmadas ou rejeitadas (como traços de identidade individual ou coletiva), e as desigualdades podem ser contestadas ou sofridas passivamente.

2 Igualdade, desigualdade e diferença: uma leitura semiótica

Para resumir visualmente o que foi até aqui discutido com um esquema, ainda incompleto, poderíamos traçar um triângulo semiótico, correspondente à metade de um *quadrado semiótico* que será completado mais tarde. Nesse triângulo, a igualdade relaciona-se horizontalmente com a diferença, em uma coordenada dos contrários que se refere ao plano das essências, mas também se relaciona diagonalmente com a desigualdade (em um eixo das contradições que se refere ao plano das circunstâncias). A indicação de bilateralidade (uma linha com duas setas) no eixo contraditório da relação entre igualdade e desigualdade indica que esses polos são autorreversíveis, ou que é possível um deslocamento no eixo da desigualdade. Já para a coordenada de contrariedade relacionada com os polos igualdade e diferença não há de modo geral reversibilidade possível. Trocando em miúdos, as desigualdades são reversíveis no sentido de que se referem a mudanças de estado; as diferenças, de um modo geral, não[5].

---

5 Apenas em casos-limite é possível a um indivíduo redefinir seu diferencial sexual no sentido biológico (com uma operação de mudança de sexo) ou seu diferencial "étnico". Com relação aos diferenciais culturais ou políticos (como a nacionalidade) podem ser reorientados com menos dificuldade. De qualquer modo, a reversibilidade entre igualdade e desigualdade (ou o deslocamento no eixo da igualdade/desigualdade) representa uma mudança de estado, enquanto a reorientação de aspectos diferenciais implicaria mudanças de ser.

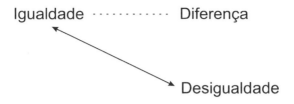

(Triângulo semiótico da igualdade)

Proponho alguns exemplos para ilustrar os aspectos relacionados às gradações e às possibilidades de reversibilidade que afetam o eixo das desigualdades. Consideremos o aspecto da riqueza. Entre o homem mais rico e o mais miserável – aquele que no limite extremo é desprovido de qualquer bem – podemos imaginar todas as gradações possíveis. É possível imaginar também situações em que o homem mais rico perca riqueza, e até atinja a miséria, ou em que o miserável vá gradualmente adquirindo riqueza até se tornar rico. A desigualdade relativa à riqueza admite tanto *reversibilidade* como *gradações* entre seus extremos. Raciocínios análogos poderiam ser feitos para a desigualdade relativa à liberdade de ir e vir. De um lado teríamos o homem que pode ir a todos os lugares (o qual, imaginariamente, seria aquele que detém um máximo de poder, riqueza e prestígio), e do outro o homem que não pode ir a nenhum lugar (o qual poderia ser ilustrado com o exemplo de um prisioneiro na solitária). Entre esses limites extremos existem as gradações, e também as reversibilidades (o ditador pode ser um dia preso, e o prisioneiro libertado).

Os exemplos poderiam se estender ao infinito para as desigualdades relativas à liberdade de expressão, ao acesso a bens e serviços, à privação de direitos jurídicos, a imposições de segregação espacial, e tantas outras situações. De igual modo, na relação entre dois indivíduos, ou mesmo na comparação de um indivíduo consigo mesmo em dois momentos, inúmeras situações dicotômicas mostram-se implicadas ou inscritas em uma relação de desigualdade, o que se expressa pelo fato de que só podem ser aferidas *relativamente* ("forte"/"fraco", "instruído"/ "ignorante"). Vejamos, em seguida, como costuma se comportar a coordenada de contrariedades relacionada às diferenças.

3 Sexualidades e diferenças de gênero

Discutiremos inicialmente o âmbito da sexualidade, e para tal partiremos da divisão primária entre homens e mulheres. Esta divisão, de acordo com uma visão da partição sexual que tem predominado na maior parte das culturas e civilizações até hoje conhecidas, separa ao nascimento homens e mulheres de acordo com critérios genitais que são depois confirmados por desenvolvimentos anatômicos, e que, na verdade, correspondem também à dicotomia cromossômica representada pela oposição entre os cariótipos XX (mulheres) e XY (homens). Estabelecem-se, aqui, duas modalidades sexualizadas de ser. Por mais que essa divisão primária baseada no dimorfismo sexual pareça tão natural e que seja adotada pela ampla maioria de sociedades conhecidas (mas não necessariamente todas[6]), "Homem" e "Mulher" – ou como quer que estas categorias sejam denominadas nas várias línguas – não são categorias a-históricas, como o pensamento comum habitua-se a considerar[7].

Alguns autores têm explorado a ideia de que não é apenas o gênero que é histórico, mas de certo modo também o próprio sexo, inclusive naquilo que, por vezes, nele parece pertencer francamente à esfera da natureza. O modo como os seres humanos se apropriam dos elementos trazidos pela natureza, este é o ponto, atribuindo re-

---

6 Gilbert Herdt (n. 1949) – antropólogo americano especializado em estudos sobre a sexualidade humana e ativista *gay* – examina em um de seus artigos duas sociedades (uma na República Dominicana e outra na Nova Guiné), as quais desenvolveram culturalmente uma divisão primária fundada em três sexos ao invés de dois (1990, p. 433-446). Essas sociedades concedem visibilidade social à sexualidade de um tipo de pseudo-hermafroditismo masculino onde alguns indivíduos XY só desenvolvem caracteres masculinos na puberdade, quando então passam a ser socialmente classificados em uma terceira categoria que não é nem "homem" e nem "mulher" (MACHADO, 2005, p. 12).

7 Sobre esta questão cf. as obras de Judith Butler (1991, 2002 e 2003).

levância a uns e minimizando ou ocultando outros, relacionando alguns destes elementos com outros ou desvinculando-os, hierarquizando-os ou nivelando-os, concedendo-lhes direito à expressão ou coibindo a sua exposição, cobrindo-os ou desnudando-os – tudo isto pertence ao mundo da história e da cultura, por mais que um determinado sistema de organização da sexualidade adquira a aparência de eternidade e naturalidade[8].

Neste ensaio trabalharemos dentro dos limites culturais de nossa civilização. Partiremos desta divisão sexual entre as duas diferenças que parecem bastante naturais a todos que foram educados neste modo de perceber o sexo com base no dimorfismo masculino-feminino, e que adicionalmente é marcado por um discurso legitimado no predomínio estatístico da heterossexualidade naquilo que concerne ao conjunto universo dos seres humanos que vivenciam sua sexualidade. Vejamos como se comporta a diferença entre "homem" e "mulher", particularmente no que se refere à possibilidade de situá-las como "contrariedades" que envolvem modalidades de ser, e não como "contraditoriedades" que envolvem circunstâncias reversíveis.

Vimos que as categorias que se referem ao eixo da igualdade e desigualdade – "pobre/rico", "forte/fraco", "livre/escravo" – admitem um contínuo entre seus termos extremos, isto é, estados intermediá-

---

8 A relevância que um sistema cultural de organização da sexualidade atribui a certos "dados naturais" em detrimento de outros é, aliás, outro aspecto a considerar. Se os aspectos genitais aproximam a maior parte dos homens dos outros homens, e a maior parte das mulheres das outras mulheres, há outros dados igualmente naturais que aproximam alguns homens das mulheres e algumas mulheres dos homens. Pesquisas desenvolvidas em 2006 revelam que o hipotálamo – estrutura cerebral que é importante para o funcionamento da sexualidade humana – apresenta características diferentes em homossexuais e heterossexuais do mesmo sexo, e, mais ainda, que heterossexuais de um sexo e homossexuais do sexo oposto apresentam respostas semelhantes aos feromônios masculino e feminino, que são as substâncias cuja forma de recepção rege a orquestração dos desejos sexuais. Cientistas suecos observaram que "o padrão de resposta dos neurônios hipotalâmicos correlaciona-se não com o sexo do indivíduo, mas com sua preferência sexual. Assim, homens e mulheres que gostam de mulheres respondem ao feromônio feminino EST; já as mulheres e os homens que se sentem atraídos pelo masculino têm o hipotálamo sensível ao feromônio masculino AND" (HERCULANO-HOUZEL, 2006, p. 50). Neste sentido, seria possível imaginar uma sociedade que agrupasse – com base nestes dados que não deixam de ser naturais – os indivíduos pelo seu tipo de motivação ou preferência sexual, e não de acordo com as características genitais.

rios entre o homem mais pobre e o mais rico, ou entre o homem dotado de mais prestígio e o menos prestigiado, apenas para ficar em dois exemplos. De modo bem distinto, não existem "gradações" entre homem e mulher, uma vez que estas categorias estão relacionadas a "modalidades de ser" ("essências", para utilizar a nossa nomenclatura, mas lembrando que estaremos aqui muito longe das "teorias essencialistas"). Ressalvadas especificidades que logo serão discutidas, ou se é uma coisa, ou se é outra. Diante dos critérios bem definidos que presidem em nossa cultura a edificação do dimorfismo sexual, dizer que alguém é algo "entre" estas duas categorias – "homem" e "mulher" – ou que determinado indivíduo é "quase homem" ou "quase mulher", é bastante problemático[9]. Obviamente que, já a intersexualidade e transexualidade, fenômenos que de resto seguem sendo excepcionais do ponto de vista estatístico, terão de ser analisados à parte.

Também não é possível dizer, nos limites deste sistema, que existem gradações entre o homem heterossexual e a mulher heterossexual, situando entre estas categorias os vários casos de homossexualismo masculino e feminino. Especificamente com relação ao homossexual, pode-se dizer que, em uma primeira instância, ele não se introduz nessa discussão como uma nova diferença biológica – pelo menos a considerar o já mencionado dimorfismo sexual fundamental que se baseia na contraposição entre os órgãos sexuais e reprodutores masculino e feminino, ou mesmo nas duas alternativas cromossômicas que

---

9 Os deslocamentos que criam nuanças de desigualdades entre as duas diferenças sexuais primárias, também podem ocorrer em diversas culturas, às vezes de maneira vaga. Emergem, por vezes, as "quase diferenças", mas que na verdade são situações de desigualdade impostas dentro dos limites do dimorfismo básico, sem transcendê-lo. Pode-se dar um exemplo. Ao empreender a análise etnográfica de uma sociedade de camponeses berberes das montanhas da Cabília, Pierre Bourdieu menciona – entre os dois modelos básicos de crianças educadas para a virilidade ou para a feminilidade – o caso dos "filhos de viúvas". Trata-se de meninos órfãos de pai, educados sem a presença do genitor masculino na fase mais importante de ocorrência dos rituais que impõem a assimilação dos padrões de virilidade nesta cultura local. Assim nos relata Bourdieu: "Em oposição aos que são chamados por vezes na Cabília de "filhos dos homens", cuja educação compete a vários homens, os "filhos de viúva" são vistos com suspeição de terem escapado ao trabalho de todos os instantes que é necessário evitar para que os meninos se tornem mulheres e de terem sido abandonados à ação feminilizante da própria mãe" (BOURDIEU, 2005, p. 36).

constituem do ponto de vista da biologia a regra matricial da sexualidade humana (XX e XY).

Para não nos imobilizarmos em torneios conceituais inúteis, o indivíduo homossexual, seja o masculino ou o feminino, terá de ser aqui entendido como um homem ou uma mulher que apresenta suas motivações sexuais voltadas para indivíduos do mesmo sexo. Nos quadros históricos de nossa civilização, não é por ser homossexual que um homem ou uma mulher deixa de ser compreendido como pertencente biologicamente a um ou a outro destes sexos. Assim, do ponto de vista estritamente biológico, e mesmo que sejam aceitas as teorias que ressaltam eventuais especificidades cerebrais que favoreçam no indivíduo homossexual o interesse erótico por seres humanos do mesmo sexo, esse indivíduo homossexual continuará sempre sendo homem ou mulher.

Da mesma forma, o homossexual (masculino ou feminino) também não é de nenhuma maneira um intermediário entre o homem e a mulher, e não apenas porque os homossexuais dos dois sexos são abarcados por uma e outra destas categorias. Mesmo que fixemos como ponto de apoio o homem e mulher heterossexuais, em vista do fato de que a maioria dos homens e mulheres desenvolvem naturalmente uma atração pelo sexo oposto, ainda assim – e a considerar aqui a homossexualidade como uma "orientação sexual" que traz uma singularidade ao indivíduo que nela se enquadra – será forçoso dizer que ainda não teremos no homossexual uma mediação entre homem e mulher (heterossexuais), mas sim uma nova diferença.

Para enxergar o homossexual (de um ou de outro sexo) não como categorias exteriores, mas mediadoras entre as categorias homem e mulher (neste caso atribuindo ao heterossexualismo a força de um padrão polarizador), seria preciso elaborar um espectro contínuo onde os indivíduos possuíssem mais ou menos de alguma qualidade que os aproximasse disto que se está entendendo por homem ou mulher. Desde já isso se coloca como um problema, porque se o sexo masculino ou feminino são tradicionalmente definidos pelos marcadores genital e cromossômico, a verdade é que do ponto de vista destes marcadores, homossexuais são tão homens ou mulheres quanto os homens e mulheres heterossexuais (e, obviamente, se quisermos complicar ainda mais um pouco, como também os bissexuais).

Rigorosamente falando, ninguém é mais homem ou mais mulher do que um seu semelhante. Biologicamente, ou se é uma coisa, ou se é a outra, a ressalvar casos excepcionais como o hermafroditismo e alguns transgêneros, que podem trazer alguma polêmica. E, culturalmente, mesmo que devam ser necessariamente admitidas algumas outras categorias, tampouco se poderá dizer que um homem é mais homossexual do que outro, ou que uma mulher é mais lésbica do que outra. Da perspectiva de que o que está em jogo aqui é o objeto de desejo sexual de cada indivíduo, ou uma mulher será considerada lésbica, ou bissexual, ou heterossexual.

Acima de tudo, uma mulher não pode ser mais mulher do que outra; quando muito, pode-se dizer que tal ou qual mulher possui mais feminilidade com relação a determinado padrão vigente e culturalmente construído. De maneira análoga, não se pode dizer que alguém é mais cristão ou mais muçulmano que o seu semelhante; o que se pode dizer é que alguém possui mais devoção religiosa no âmbito do islamismo ou do cristianismo, que cumpre mais rigorosamente os preceitos da religião, e assim por diante. De igual maneira, as cidadanias nacionais não permitem que se diga que alguém é mais russo ou brasileiro do que outro, embora alguém possa postular que um indivíduo apresenta mais "brasilidade" do que outro, o que em todo o caso iria gerar alguma controvérsia. De qualquer modo, este é o padrão das "diferenças": o registro de uma "singularidade" – ou uma questão de "ser" ou "não ser", para recolocar a questão de outra forma. Em suma, tal como ocorre com os demais tipos de diferenças, as diferenças sexuais (biológicas ou culturais) distinguem-se umas das outras como "modalidades de ser", e não como pontos focais de um espectro desigual e hierarquizado de variações.

4 Nacionalidades, religiosidades, etnias e outras diferenças

Retomemos, para outros campos de análise, a discussão sobre o contraste entre desigualdades e diferenças. Vamos considerar agora uma diferença francamente pertencente ao âmbito sociocultural: a *nacionalidade*. É possível imaginar tantas nacionalidades quanto existirem distintos países do mundo. Mas não existe uma gradação entre o norte-americano e o brasileiro, ou entre o australiano e o chinês. Estas várias nacionalidades fixam entre si o abismo que as separa como essências claramente diferenciadas. Ou se pertence a uma nacionalidade ou a outra[10]. Adicionalmente, deve-se considerar que a mudança de uma dessas nacionalidades para outra, ou a transferência de um indivíduo que migrasse de uma destas essências para outra, não constituiria um processo gradual, mas sim um salto para outro lugar – salto este de que, quando muito, um indivíduo apenas costuma se beneficiar em um único momento de sua vida. Um raciocínio análogo poderia ser desenvolvido para as diferenças religiosas e muitas outras.

Novamente é importante se ter em vista um circuito de exceções que não afetam o padrão conceitual que aqui está sendo desenvolvido. Para o caso das diferenças relativas à questão da nacionalidade, os casos de "dupla nacionalidade", por exemplo, referem-se a duas essências (duas diferenças) que se superpõem[11]. Há indivíduos que

---

10 Há dois princípios básicos evocados para a aferição da nacionalidade: o *jus soli*, que considera o local de nascimento, e o *jus sanguinis*, que considera a ascendência do indivíduo, não importando o seu lugar de nascimento. As Constituições dos diversos estados-nação podem fundar a sua noção de nacionalidade com base em um destes princípios, ou, de modo composto, admitir concessões ora ao *jus soli*, ora ao *jus sanguini*.

11 De fato, a dupla nacionalidade não *integra* nacionalidades distintas, mas apenas as *superpõe* no mesmo indivíduo, uma vez que não é mais do que o *status* derivado da acumulação de duas nacionalidades distintas, autônomas entre si. Trata-se, então, de uma "superposição de diferenças", e não de uma "integração de diferenças" que passam a interagir entre si. Por outro lado, existem países que rejeitam esta acumulação de diferenças, já que não permitem que seus nacionais e nacionalizados sejam titulares de outras nacionalidades que não a sua própria.

possuem duas nacionalidades legalmente reconhecidas, e pode-se pensar em outros que construam para si mesmos uma identidade ou autoimagem na qual se superpõem duas essências relativas ao âmbito da nacionalidade. Há por fim indivíduos que pertencem legalmente a uma nacionalidade, mas se sentem cultural ou afetivamente como pertencentes a outra (duas essências que se contrariam entre a subjetividade e o enquadramento legal de um indivíduo)[12]. Há por fim os apátridas, indivíduos que foram privados legalmente de uma "essência nacional", o que não impede que ainda se sintam como pertencentes à nacionalidade que lhes foi negada[13]. Entrementes, vamos considerar que todos estes casos correspondem a oscilações e ambiguidades que ainda se dão no plano das diferenças (das modalidades de ser). Isso não implica, é claro, que diferenças como a dos apátridas deixem de gerar desigualdades sociais nos países em que se encontram, ou que diferenças como a da dupla nacionalidade não gere privilégios específicos, o que também será uma questão pertinente ao campo das desigualdades, isto é, das desigualdades que são estabelecidas sobre diferenças.

As formas de religiosidade também se referem ao âmbito das diferenças. Na verdade, a discussão sobre as alternativas religiosas

---

12 Em *Race and Ethnicity in Contemporary France* (1995), p. ex., Alec Hargreaves ressalta para o caso francês que a maior parte dos filhos de imigrantes termina por se identificar mais com a cultura francesa do que com a cultura de origem dos pais.

13 O "apátrida" – indivíduo que não é titular de nenhuma nacionalidade – pode ter origem em situações diversas. P. ex., consideremos um indivíduo que seja filho de um cidadão nascido em um Estado como a Argentina, onde vigora o princípio do *jus soli* (nacionalidade determinada pelo nascimento no país), mas que, em virtude de um deslocamento migratório do pai, tenha nascido em um Estado como a Holanda, onde vigora o *jus sanguinis* (princípio que postula a nacionalidade em relação à ascendência). De um lado o Estado em cujo território nasceu este indivíduo não o reconhecerá como cidadão, já que o seu pai possui outra nacionalidade; de outro lado, o Estado de origem do pai tampouco o aceitará como cidadão, já que para este Estado só é cidadão quem nasceu em seu território. Tal indivíduo tem sua identidade nacional inscrita em um limbo de não pertencimentos, torna-se um *apátrida*, isto é, "uma pessoa que não é reconhecida como nacional por nenhum Estado" (ONU, 1954). Da mesma forma, há Estados que não reconhecem como nacionais indivíduos pertencentes a determinadas minorias étnicas, mesmo que nascidos em seu território. Estados que deixaram de existir, ou então que foram desmembrados em outros, também geram ambiguidades diversas. Em diversos destes casos, o indivíduo perde o seu diferencial nacional.

se abre a um excelente campo de análise para os aspectos relacionados ao encontro de diferenças. Se as diferenças nacionais, conforme vimos, apresentam-se habitualmente como essências imiscíveis, quando muito essências que se podem superpor para o caso das duplas nacionalidades, já as "diferenças religiosas" – em que pesem os projetos excludentes que possam ser conduzidos pelas instituições religiosas e eclesiásticas – não raro tendem a transformar-se e a afetar-se reciprocamente em presença uma da outra, afora o fato de que, nas suas práticas cotidianas, os indivíduos tendem, mais do que costumam explicitar socialmente, a circular entre as diferenças religiosas, a empreender suas próprias leituras das mesmas, e a colocá-las em interação. Leonardo Boff[14] gostava de observar que não existem expressões religiosas "puras", o que já nos coloca diante dos caminhos sincréticos que podem ser percorridos pelas várias formas de religiosidade.

Quando falamos em "sincretismo", estamos diante de algumas possibilidades diversas, conforme o sentido que esteja sendo atribuído a este conceito[15]. Pode-se dar a superposição de duas religiões, ou a incorporação e mistura de aspectos de uma e outra religião original em uma nova realidade, que passará neste caso a configurar nova essência (uma religiosidade sincrética). Pode-se dar a diluição de uma cultura na outra, a interpenetração de culturas, ou as releituras várias entre os dois polos envolvidos. Para estes casos, se quisermos aplicá-los à conceituação proposta neste ensaio, teríamos inúmeras alternativas que o encontro de religiosidades nos oferece: a superposição de diferenças, a mistura de diferenças, a interpenetração de diferenças, a diluição de uma diferença na outra, a reinterpretação de uma diferença a partir da outra, a inclusão relativa de diferenças. Ao contrário das diferenças

---

14 Boff, 1982, p. 150. Cf. tb. Ferreti, 1995, p. 13.

15 Para um balanço da noção de sincretismo, cf. Ferreti, 1995 e 2001.

nacionais, as diferenças religiosas parecem oferecer nos seus pontos de encontro um certo leque de alternativas.

Para alguns autores, os quais trabalham com uma noção de sincretismo em associação ao conceito de "aculturação", teríamos o caso de uma diferença religiosa que submete a outra, que a obriga a adaptar-se a seus quadros, que a leva em alguma medida a apagar-se como diferença, pelo menos em alguma de suas dimensões. Nesta esteira conceitual, por exemplo, poderíamos lembrar a interpretação de Arthur Ramos (1903-1949) acerca do fenômeno do sincretismo, situando-o – entre as alternativas da "aceitação" e da "reação" – como uma das três respostas possíveis ao processo de "aculturação". O antropólogo e médico alagoano tendia a ver no sincretismo, ao menos nos seus primeiros trabalhos, um fenômeno mais religioso do que conflitivo[16]. As duas diferenças religiosas, seria o caso de falar aqui, encontram sob esta perspectiva uma espécie de ponto de harmonia, de adaptação em menor ou maior grau de uma em relação à outra.

Por outro lado, sincretismo também pode estar relacionado a estratégias ou fenômenos de resistência. O sincretismo, assim, pode se referir não à ideia de uma fusão, confusão ou mistura, e sim à noção de "reinterpretação". Uma diferença reinterpreta a outra, e é claro que ao final deste processo não deixaremos de ter uma nova diferença. De todo modo, a questão apresenta-se como arena privilegiada para a discussão do "encontro de diferenças".

Roger Bastide (1898-1974), por exemplo, ao examinar as religiões afro-brasileiras no contexto de dominação oficial da Igreja Católica, enfrentou esta questão de diversas maneiras, em geral recusando-se às interpretações mais tradicionais acerca do sincretismo. O seu interesse primordial era a preservação da pureza do candomblé baiano – portanto a afirmação de uma *diferença* cultural africana – contrapondo este caso à desintegração e mistura que percebia para o

---

16 Ramos, 1942, p. 9.

caso da umbanda – a diferença que se desintegra em uma outra, ou que se mistura a uma outra diferença, perdendo significativamente e de maneira irreparável algo da sua identidade original. O encontro entre o candomblé e o catolicismo, singularmente, dar-se-ia em torno das "analogias", das "equivalências", das "correspondências"[17], e não da "fusão", que habitualmente termina por implicar a diluição de uma das diferenças em favor da outra.

A complexa questão da convivência do candomblé e do catolicismo na religiosidade de uma parcela significativa dos afrodescendentes brasileiros – sem ocasionar para as suas identidades individuais contradições que se mostrem insustentáveis e sem provocar a desintegração de uma destas diferenças na outra – é interpretada por Bastide a partir de uma nova compreensão da visão de mundo trazida pelo candomblé[18]. Para o sociólogo francês, do ponto de vista do candomblé não haveria uma oposição inconciliável em relação ao catolicismo, uma vez que, para o candomblista, "ser do candomblé" e "ser católico" estariam neste caso separados pelo princípio de *cisão*, capaz de apresentar o mundo como que organizado em compartimentos estanques[19]. Desta forma, se em diversas oportunidades o catolicismo se apresenta no Brasil, e sobretudo no mundo, como religião exclusiva e excludente, já o candomblé se apresenta como religião inclusiva – uma diferença capaz de incluir outras, para aplicarmos o sistema conceitual que aqui desenvolvemos.

Afora os imbricamentos, superposições, misturas e cisões inclusivas entre as diferenças religiosas, há obviamente outros casos que poderiam ser designados mais propriamente como "dupla reli-

---

17 Bastide, 1973, p. 182.

18 Bastide, 1971.

19 O princípio da cisão, em Roger Bastide, almeja iluminar a possibilidade de que grupos e indivíduos diversos conservem simultaneamente sua cultura própria e convivam com a cultura do outro (QUEIROZ, 1983, p. 31-37). Para uma crítica às propostas desenvolvidas por Bastide, cf. Ribeiro, 1982, p. 157-180.

giosidade", e que são algo similares aos casos já discutidos de "dupla nacionalidade". De todo modo, além de considerar as inúmeras possibilidades relacionais que se dão entre as diferenças religiosas, o mais importante para a presente discussão é ressaltar o fato de que não seria apropriado falar em um *continuum* que separasse o católico absoluto do islâmico absoluto através de um espectro de gradações. Identificar-se como "católico" ou como "muçulmano" é assumir uma essência. Transferir-se para outra religião é saltar para outra essência.

A questão mais complexa refere-se talvez às chamadas "diferenças raciais", ou então às "diferenças de cor", e, dada a sua importância, dela tratamos em um ensaio específico[20]. Eis aqui diferenças construídas não apenas pelos sistemas de pensamento e de percepção da diversidade humana, mas sobretudo ao nível dos sistemas sociais e políticos, ora a serviço dos processos de dominação, ora como embasamento para as lutas de resistências.

O "negro" constitui noção que se fez construir por sobre a desconstrução de inúmeras diferenças que se afirmavam já ancestralmente na África Subsaariana. A diáspora a que foram submetidos milhões de africanos para a montagem do sistema escravista nas Américas introduziu com intensidade esta diferença, mas também a história da resistência de milhões de africanos e afrodescendentes terminou por dar a esta diferença historicamente construída uma nova feição.

Adquirindo inegável força sociológica por ter se tornado uma diferença que se afirmou como identidade para uma significativa parcela da população em luta contra as desigualdades sociais pós--escravistas, a própria noção de "negro" vê-se urdida no interessante paradoxo de se fortalecer ao nível dos movimentos sociais e de ser problematizada ou mesmo rejeitada no contexto da recente desconstrução do conceito de raça no campo antropológico. "Raça", em

---

20 *A construção social da cor*, publicado pela Editora Vozes (BARROS, 2009).

especial "raça negra", torna-se um conceito que se fortalece no âmbito sociológico dos movimentos sociais de resistência e afirmação política, e que se enfraquece à luz do conhecimento antropológico e biológico mais recente. "Raça", abarcando as diferenças que a ela se referem, torna-se então arena na qual se entrechocam forças sociais diversas, mas também modalidades diversas de conhecimento[21].

5 As diferenças são essências construídas (e em construção)

Registraremos, para finalizar esta primeira parte e em função dos exemplos arrolados, que as desigualdades relacionam-se mais frequentemente ao *estar* ou mesmo ao *ter* (pode-se "ter" mais riqueza, mais liberdade, mais direitos políticos), enquanto as diferenças relacionam-se mais habitualmente ao *ser* ("ser negro", "ser brasileiro", "ser mulher"). *Pertencer* (beneficiar-se ou sofrer de um sentimento de pertença a algo), é já por outro lado o verbo limítrofe, ora referido a desigualdades, ora a diferenças. Pode-se pertencer a uma etnia, nacionalidade, religião, a um dos sexos, e neste caso "pertencer" assinala uma diferença; mas pode-se pertencer a um clube fechado, a uma classe econômica ou política para a qual se adquiriu os elementos que regem a possibilidade de inclusão no novo grupo. Aqui, certamente, estaremos falando de um "pertencer" que se refere às desigualdades, e não às diferenças, e tão rápida ou demoradamente como adentramos o novo grupo instituidor de privilégios e obrigações, também poderemos ser expelidos ou deslizar para fora dele.

O requisito fundamental para prosseguirmos, a partir dos exemplos até aqui examinados e de outros, é que fique claro que as diferenças são essências construídas (e em construção). Mesmo que uma determinada diferença possua um núcleo que pareça formado

---

21 Conforme atrás mencionado, o estudo desta questão mais específica foi desenvolvido no livro *A construção social da cor* (BARROS, 2009), e em alguns artigos do autor.

por elementos naturais (uma cor, um sexo, uma faixa etária), tudo o que se elabora socialmente em torno, e que passa a ser vivido individualmente por cada um, muitas vezes como se "natural" fosse, é inevitavelmente uma construção. "Ser mulher" ou "ser velho", como ser brasileiro ou ser cristão, é coisa que se aprende, e que muda historicamente.

Ser mulher hoje, em países europeus e americanos do mundo capitalista, traz desdobramentos algo distintos do que "ser mulher" na Antiguidade, embora possamos encontrar também elementos de continuidade. Também apresenta variações pequenas ou distinções mais ou menos fortes em relação a ser mulher em outras sociedades contemporâneas. De qualquer forma, em todas as épocas, a experiência de se tornar mulher, de ser percebida como mulher – e de se identificar como mulher – implica muito mais do que uma definição genital e uma sinalização cromossômica. Aprende-se, sem o saber, uma certa maneira de andar, da mesma maneira como se aprende uma certa postura corporal, um modo específico de manter-se em pé, um jogo de entonações, um repertório de sorrisos, um gestual que cada cultura destinou a este ou àquele sexo, bem como a capacidade de identificar com alguma clareza os espaços franqueados e interditos do discurso para cada um. Aprende-se uma forma de se sociabilizar, de transitar entre os espaços de sociabilidade frequentados por ambos os sexos. De agir.

A própria roupa e artefatos que se disponibilizam para este ou para aquele sexo o introduz em um mundo de liberdades e restrições. Com a maquiagem e tinturas contemporâneas, a mulher adquire certos poderes socialmente consentidos para reconstruir explicitamente a sua aparência física – os cabelos brancos podem desaparecer, se ela o desejar, e as plásticas podem rejuvenescê-la na luta contra os efeitos imprimidos no corpo pelas diferenças etárias. Com o salto alto cada mulher ocidental irá usufruir uma certa liberdade de controlar, até certo ponto, a sua própria altura, mas também aceitará uma determinada restrição de movimentos. O salto alto contribuirá para redefinir o corpo e a postura corporal na mulher que o utilizar, e também a permitirá adentrar, a favor ou contra a sua vontade, em um certo substrato de fantasias do sexo oposto. O mesmo ocorre com outras peças do vestuário feminino disponibilizadas por esta ou aquela cultura.

Esse modelo, ou um certo repertório de modelos, deve ser aprendido. A arte e técnicas para transgredi-lo – com a parcial ou plena consciência das repercussões possíveis – também farão parte deste aprendizado. O repertório de modelos e transgressões oferecido pela sociedade para a diferença sexual feminina, obviamente, irá entrecruzar-se de modo complexo com inúmeros fatores e dialogar com outras diferenças e também com certas desigualdades. A combinação com uma religião específica, com uma nacionalidade, com uma etnia, com a faixa etária, mas também com a classe socioeconômica e com circunstâncias familiares específicas, já no plano das desigualdades, orientará cada mulher concreta a escolher, consciente ou inconscientemente, os seus caminhos dentro do repertório franqueado à sua diferença sexual.

Da materialidade do vestuário aos objetos pertinentes a cada sexo, e daí ao imaginário a que esse ou o outro gênero sexual estará associado, ou também aos padrões de comportamento a serem sutilmente aprendidos pelos indivíduos – este repertório no qual será possível fazer algumas escolhas, é certo, mas que ainda assim é um repertório – tudo conspira para construir uma determinada essência (uma certa modalidade de ser) em torno do núcleo primário de fatores em que se fundou cada um dos sexos, ou mesmo em torno de cada uma das formas de sexualidade e orientações em particular.

Aprende-se também a ser criança, a ser jovem, a ser um homem maduro, ou a ser idoso, e não apenas porque a natureza permite ou impede a cada uma das faixas etárias determinados movimentos e certas restrições corporais, limitações específicas ou cuidados aconselháveis. A cada faixa etária uma cultura pode atribuir um conjunto específico de responsabilidades e de irresponsabilidades, acompanhadas das disposições psicológicas decorrentes das mesmas. Aprende-se isso sem se perceber. O indivíduo é educado diuturnamente para se enquadrar na sua diferença, na essência que a ele corresponde naquele momento, e, no caso da variação das faixas etárias, para ultrapassar cada compartimento diferencial na época adequada. Pode-se criar uma certa forma de comunicação voltada para as crianças – um tatibitate infantilizado, por exemplo – que pode retardar ou orientar o seu desenvolvimento em certa direção. Ao idoso, sopesadas as restrições pertinentes à sua condição física, algo mais se permite que não ao homem maduro, ao mesmo tempo em que, em uma outra ponta, são fechados os seus caminhos.

Às diferenças de cada tipo – sejam as que afetam um ser humano como indivíduo ou como membro de um grupo social – são afeitos também certos tipos de desigualdades. Às diferenças de sexo podem se juntar as desigualdades de sexo; às diferenças etárias podem-se juntar os preconceitos contra o jovem ou contra o idoso. Ao indivíduo identificado ou autoidentificado como "negro", um determinado sistema racista de dominação econômica e política que favorece o "branco" poderá interpor pesadas restrições e preconceitos, explícitos ou silenciosos.

Este novelo que corresponde a um emaranhado de desigualdades e diferenças nem sempre é fácil de ser examinado. De todo modo, a compreensão das distinções fundamentais entre diferença e desigualdade, no âmbito dos aspectos que foram discutidos até aqui, será imprescindível para que se possa perceber como essas duas noções têm se relacionado entre si no âmbito social, e como ambas relacionam-se com a noção de igualdade.

6 Desigualdade, diferença e suas interações sociais

Até aqui nos concentramos nas relações entre igualdade e diferença, e entre igualdade e desigualdade. Já a relação entre desigualdade e diferença é um capítulo bastante complexo na história das sociedades humanas. Uma sociedade pode assumir – concreta ou imaginariamente – um determinado tipo de conexão entre diferença e desigualdade, ou entre alguns tipos de diferenças e a desigualdade social ou política. Nas democracias modernas desenvolve-se o imaginário – nem sempre correspondente às situações concretas e efetivas – de que certas diferenças não devem gerar desigualdade. Nesse caso, considera-se que devem ser tratadas com igualdade as diferenças de cor, sexo ou religião.

Nem sempre foi assim, e ainda não é assim em diversas das sociedades que afirmam concreta e imaginariamente a rejeição do vínculo entre a desigualdade social e as diferenças desse tipo. São notórios os exemplos medievais de segregação espacial de certos grupos étnicos e religiosos em bairros específicos, e não está longe no tempo o exemplo do *apartheid*, que correspondeu à bem conhecida política de segregação étnica oficializada na África do Sul entre o período de 1948 a 1990[22]. Nestes casos, a conexão entre diferença e desigualdade

---

22 A palavra *apartheid*, em africâner, significava literalmente "separação", nesse caso considerada em relação à divisão estabelecida para o comando político do país entre a minoria branca e um amplo setor de excluídos formado pela maioria racial dos negros e pelas minorias mestiças e asiáticas. A legislação da África do Sul, a partir da vitória do Partido Nacional em 1948, passou a dividir a população do país formalmente em quatro grupos raciais bem-definidos (brancos, negros, "de cor", indianos), e os segregou em árias residenciais específicas. Paulatinamente, foram se diversificando os âmbitos de segregação. Em 1953, p. ex., a educação foi segregada através de um sistema educacional em separado para os negros, visando compartimentá-los no âmbito dos trabalhos braçais. Em fins da década de 1970, com a Lei da Cidadania da Pátria Negra, ocorre a segregação radical: os "negros" são privados de sua cidadania no âmbito do estado sul-africano, passando a ser considerados como pertencentes, como cidadãos, a pátrias tribais que eram chamadas de bantustões (as "unidades autônomas bantu", que desde 1951 vinham sendo definidas). O objetivo, na verdade, era permitir que a minoria branca se transformasse em maioria formal de um estado que excluiria a população negra. Um movimento de resistência social das minorias oprimidas ganhou força a partir daí, com a concomitante repressão a seus líderes, até que em 1990 são iniciadas negociações para extinguir o sistema de *apartheid*. Mais adiante, em 1994, o estabelecimento de eleições democráticas permitiu que Nelson Mandela (1918-2013) – um dos heróis da resistência antiapartheid, que tinha passado 27 anos na prisão até 1990 – viesse a se tornar o primeiro presidente da república sul-africana negro. É interessante observar que o sistema do *apartheid* apoiava-se, ironicamente, em um discurso sobre a autodeterminação dos Bantu, que a partir de 1951 foram obrigados a ter estruturas governamentais separadas, o que obviamente constituiu mais um episódio no processo de segregação. Sobre o *apartheid*, cf. o ensaio de Marianne Cornevin, 1979.

implica também *exclusão* ou *segregação*, outras noções que colaboram na mesma rede de significados. Enquanto isso, "discriminar" remete também ao cultivo daquilo que podemos conceituar como "preconceito" – um "conjunto de atitudes que provocam, favorecem ou justificam medidas de discriminação"[23]. Nesse sentido, a relação entre igualdade, desigualdade e diferença também pode implicar o diálogo com outra noção bastante comum no vocabulário histórico, social e político: a de *discriminação social*.

A discriminação é um dos instrumentos da desigualdade, em alguns casos uma das etapas de sua instalação; ajuda a impor um jogo de dominação e estratificação social que afeta com menor ou maior violência grupos menos favorecidos. O gesto de discriminar socialmente equivale, necessariamente, a um determinado modo de conduzir as diferenças com vistas a tratá-las desigualmente. Antes de mais nada, a discriminação depende de que sejam percebidas e delineadas certas divisões e grupos sociais relativamente a um aspecto mais ou menos preciso (o exemplo mais notório é a discriminação racial). Os indivíduos, a partir daí, passarão a ser enquadrados dentro da categoria socialmente gerada pelo sistema discriminatório, e, se no interior desta categoria passarão a ser tratados com igualdade – não necessariamente de privilégios, mas também de preconceitos – já a desigualdade se dará no âmbito mais amplo das relações entre as categorias envolvidas. Ao final desse processo que se inicia com a discriminação social, uma categoria de seres humanos passa a ser tratada desigualmente em relação à outra, seja recebendo menos oportunidades de participação política ou acesso a emprego, seja chegando-se em alguns casos à segregação espacial ou à exclusão social.

Um sistema social no qual grassa determinada tendência à discriminação racial – contra os indivíduos considerados negros, por exemplo – terá precisado, antes de mais nada, elaborar a noção de "negro", que é uma categoria histórica e socialmente construída. Na

---

23 Rose, 1972, p. 162.

verdade – mais do que em torno da construção de uma categoria única a ser discriminada – os sistemas discriminatórios giram em torno da construção atualizada de uma distinção entre duas ou mais categorias; no caso que tomamos para exemplo, brancos e negros. A partir de uma dicotomia discriminatória estabelecida, os indivíduos são partilhados dentro dessas categorias, mesmo que para tal seja preciso desconsiderar as ambiguidades resultantes das dificuldades de enquadramento de alguns indivíduos nos padrões estabelecidos para cada categoria. Discriminados os indivíduos de acordo com o aspecto discriminatório selecionado socialmente, estamos já no preâmbulo do jogo de igualdade, desigualdade e diferença através do qual o sistema opera. Grosso modo, os indivíduos pertencentes a cada categoria discriminada serão tratados com igualdade dentro da categoria, e a desigualdade ocorrerá no nível ou na qualidade do tratamento dispensado a cada categoria como um todo, particularmente no contraste entre as categorias envolvidas[24].

No sul dos Estados Unidos até meados do século XX, por exemplo, os indivíduos categorizados como negros eram obrigados a sentar-se na parte de trás dos transportes coletivos, em bancos específicos, ou então se prescrevia que deveriam ceder lugar aos brancos sempre que demandados. Essa discriminação constituía-se não apenas sobre uma prática, mas apoiava-se igualmente em disposições legais bem-definidas. Neste caso, pode-se dizer que todos os indivíduos considerados "negros" eram tratados com igualdade interna relativamente à prescrição de não se sentarem à frente nos ônibus públicos. A desigualdade localizava-se no confronto externo entre os privilégios e prescrições concedidos a uma e outra categoria de cor (brancos e negros)[25].

---

24 Desconsideramos neste momento, para efeito do delineamento conceitual buscado, o fato de que em diversos sistemas somam-se internamente novas divisões sociais e econômicas, notadamente decorrentes do cruzamento com outras diferenças.

25 Notabilizou-se o movimento antidiscriminatório que ficou conhecido como "boicote dos ônibus de Montgomery", ocorrido nessa cidade estadunidense a partir de dezembro de 1955. O pivô da revolta foi a costureira norte-americana Rose Louise McCauley, conhecida como

As escolhas sociais de diferenças a serem discriminadas ou privilegiadas – bem como sujeitas a se localizarem em posições distintas no eixo das desigualdades – são sempre históricas. Caso particularmente emblemático foi a barbárie que envolveu hutus e tutsis, dois grupos étnicos africanos que terminaram por serem levados – como posterior desdobramento de uma escolha discriminatória histórica – a um cruel massacre dos segundos pelos primeiros, ocorrido em Ruanda em 1994.

Ruanda é um pequeno país encravado na região dos Grandes Lagos da África Centro-oriental, estando cercado pelas fronteiras com o Zaire, Uganda, Tanzânia e Burundi – este último também vindo a ser um pequeno país em circunstâncias similares e habitado por uma população análoga em termos de identidades tribais predominantes[26]. Os países desta região, após a partilha da África no Congresso de Berlim em 1885, foram atribuídos ao controle da Alemanha. No caso de Ruanda, excepcionalmente, a passagem ao controle alemão ocorreu em 1890, no congresso de Bruxelas. De todo modo, após a derrota da Alemanha na Primeira Guerra Mundial, a colônia passaria ao controle belga.

Basicamente, em termos de presenças étnicas, Ruanda era partilhada por dois povos relativamente próximos na aparência, e que sob certos aspectos nem implicariam uma necessidade maior de

---

Rosa Parks (1913-2005) – então militante da Associação Nacional para o Progresso das Pessoas de Cor – que em 1º de dezembro de 1955 recusou-se a ceder lugar a um branco. Desde 1900, em Montgomery e outras cidades sulistas, havia nos transportes públicos uma segregação legal, contra a qual as associações de luta pelos direitos civis dos negros americanos vinham lutando. A recusa de Rosa Parks em aceitar a segregação legal resultou em sua prisão, mas logo foi apropriada por ativistas e líderes religiosos negros para o encaminhamento de um movimento contra a segregação nos transportes coletivos. O movimento foi bem-sucedido e, em 1956, a Suprema Corte julgou inconstitucional esse tipo de segregação em transportes públicos. Em 1992, Rosa Parks publicou sua autobiografia (*Rosa Parks: My Story*).

26 Ruanda e Burundi, melhor dizendo, passam a se distinguir apenas em 1959, após a expulsão do Rei Kigele V da colônia belga, confirmando a derrocada da monarquia tutsi. No Burundi, que alcançaria a sua independência em 1962, seguiu-se um governo tutsi, e o país será igualmente marcado por um crescimento da hostilidade entre tutsis e hutus.

serem identificados como populações distintas: os hutus e tutsis[27]. Ambos os povos utilizam a mesma língua (*kinyarwanda*). Pesquisas sobre o genoma das populações africanas mostram que os dois grupos têm origens distintas, decorrentes de migrações ancestrais para o mesmo local, mas também interpenetrações. De qualquer maneira, não apresentam muitas diferenças em nível de aparência. Se quisermos apenas apontar algumas tendências, podemos dizer que os tutsis, em comparação aos hutus, tendiam a serem mais altos, terem a cor negra da pele um pouco mais clara, e o nariz mais afinado. Dedicavam-se originariamente ao pastoreio, enquanto os hutus direcionaram-se historicamente para a prática da agricultura. Em Ruanda (e também no Burundi), os tutsis constituíam a minoria étnica; mas é importante salientar que, na Ruanda moderna, já era frequentemente difícil distinguir um tutsi de um hutu só pela aparência, embora as carteiras de identidade na Ruanda pós-colonizada apresentassem o indicativo da etnia à qual pertenciam os vários indivíduos pertencentes à população ruandesa.

Voltemos ao período colonial. Os alemães que passaram a controlar Ruanda após a partilha da África viram a oportunidade de enfatizar ainda mais a divisão entre tutsis e hutus – povos que viviam perfeitamente misturados e coabitavam em paz a região conformada por Ruanda e Burundi. A classe dirigente monárquica, antes do domínio colonialista, vinha do seio da população tutsi, mas isso não chegava a afetar as possibilidades de convivência entre os dois grandes grupos. Para usar a diferença intertribal a seu favor, os alemães selecionaram um dos grupos para ocupar posições de colaboração e constituir uma camada diferencial mais próxima dos colonizadores. Os tutsis – além de constituírem uma minoria, e, portanto, serem úteis para tal propósito – tinham características que os alemães con-

---

27 Uma terceira etnia, a dos twas – povos pigmeus que eram os mais antigos na região – não teve peso significativo no xadrez ruandês de tensões intertribais. Em Ruanda, por sinal, os twas também utilizavam o mesmo idioma dos tutsis e hutus.

sideraram mais próximas dos europeus: a tendência a uma altura mais elevada, tonalidade de pele mais clara e nariz mais afilado. Foram os escolhidos, através de um processo de discriminação, para ocuparem a posição privilegiada no plano bipartido de desigualdades ao qual deveria se sujeitar a população local.

Depois de transferido o controle de Ruanda para os belgas, com a derrota alemã na Primeira Grande Guerra, prosseguiu essa ênfase na divisão entre tutsis e hutus como estratégia de sujeição colonial. Os belgas, que exerceram um domínio ainda mais duro que o dos alemães, consideraram-na oportuna, e de fato intensificaram a política de clivagem e atribuição aos tutsis de funções privilegiadas, reforçando suas possibilidades de assumirem cargos na administração estatal, acesso ao treinamento militar e educação privilegiada. As escolas, por exemplo, eram previstas para serem frequentadas pelos tutsis, e não pelos hutus. Talvez por isso instituíam como requisito para o postulante uma estatura mínima.

Esse processo de desigualdade estabelecido pelos europeus – com deliberada ênfase na clivagem entre essas duas diferenças, a dos tutsis e hutus – fez crescer gradualmente a hostilidade entre os dois grupos desde o período colonial. Um primeiro marco de maior acirramento ocorreu em 1959, quando a maioria hutu derrubou a monarquia tutsi. Três anos depois, em 1962, Ruanda afirmou sua independência, e a minoria tutsi ficou à mercê das hostilidades dos hutus: muitos foram expulsos do país ou migraram para países limítrofes, embora uma parte dos tutsis tenha permanecido em Ruanda.

Em seu exílio na Uganda, um grupo de refugiados tutsis fundou um movimento intitulado Frente Patriótica Ruandesa. Esses tutsis radicais, amparados em um pequeno exército, invadiu mais tarde, através da fronteira ugandesa, a Ruanda já dominada pelos hutus, estabelecendo-se na região fronteiriça com planos de futuramente reocuparem terras no território ruandês ou mesmo o próprio poder político. O movimento de retorno dos tutsis radicais provocou uma reação de radicais da população hutu. Apoiado pelo governo hutu de Ruanda, através de programas de rádio e de uma campanha sistemática, foi estimulado ainda mais o ódio étnico de hutus em relação aos tutsis[28].

Entre abril e julho de 1994, um massacre meticulosamente planejado – envolvendo um sistemático recrutamento de hutus e a concomitante distribuição de armas – foi desfechado pelos hutus radicais contra os tutsis, e também contra hutus moderados que eram críticos da política governamental[29]. A golpes de facão e tiros, milhares de tutsis foram assassinados em um dos maiores massacres do mundo contemporâneo. Mais tarde, os tutsis da Frente Patriótica Ruandesa sentiram-se fortalecidos para avançar em direção a Kigale, capital de Ruanda, e finalmente substituíram os hutus no poder, provocando agora migrações de hutus radicais para o Zaire[30].

O que nos mostram os conflitos entre tutsis e hutus em relação à interpenetração das desigualdades e diferenças? Temos aqui diferenças construídas, ou enfatizadas historicamente, que evoluem até a ocorrência de um massacre. Temos também grupos externos – os colonizadores alemães e belgas – como fomentadores dessas diferenças para seus próprios propósitos, recriando sobre elas um novelo de desigualdades que contribuiria insidiosamente para um acirramento ainda maior da alteridade radical. Originalmente diferenças tribais

---

28 O xadrez ruandês de tensões intertribais contou ainda com a agravante trazida pela derrubada de um avião, em 6 de abril de 1994, no qual viajavam os presidentes hutus da Ruanda e do Buriti. O governo foi logo ocupado pelo grupo Poder Hutu, que culpou os tutsis pelo atentado. Armava-se o cenário para um violento conflito.

29 Parte dos hutus radicais estava organizada no partido Parmehutu (Partido do Movimento de Emancipação Hutu).

30 As milícias hutus que promoveram o grande massacre de Ruanda, e que depois se viram forçadas a fugir para o Zaire, hoje República Democrática do Congo, eram conhecidas como interahamve ("aqueles que lutam juntos") e estavam sob a liderança de Georges Rutaganda. Unidos a hutus congoleses, e encorpados por soldados do governo hutu deposto, passaram desde então a constituir o Exército de Libertação de Ruanda (a AliR). Em 2001, a Alir fundiu-se com o Movimento de Libertação Hutu, formando as Forças Democráticas para a Libertação de Ruanda (FDLR). O xadrez de tensões continua armado para o movimento de suas peças.

capazes de habitar a sua região ancestral em perfeita paz – e que até partilhavam a mesma língua e cultura, não sendo nem mesmo muito fácil de se distinguir uma da outra por traços físicos – as etnias hutus e tutsis foram levadas à mútua hostilidade por processos até então estranhos ao seu curso histórico. Interesses colonialistas, instituidores de desigualdades, foram os principais responsáveis por estas duas etnias se virem mergulhadas na alteridade radical. O massacre de Ruanda é, neste sentido, um exemplo de como o entremeado de desigualdade e diferença pode conduzir a desdobramentos sociais desastrosos[31].

7 Desigualdade e diferença: deslocamentos históricos

Outro aspecto a se considerar na história da relação entre diferença e desigualdade refere-se à possibilidade de que determinada "contradição" relacionada com desigualdades passe a ser lida socialmente como uma "contrariedade" relacionada com diferenças. O exemplo histórico mais notório é o da oposição entre *liberdade* e *escravidão*. Se considerarmos que a escravidão é a privação de liberdade, deveremos de imediato localizar este par de contraditórios no eixo circunstancial da desigualdade. O escravo é aquele que perdeu a liberdade. A escravidão ou a condição de homem livre constituem cada qual um "estado", uma circunstância (estas duas noções interagem reciprocamente como contradições, e não como diferenças). A estratificação social no Brasil Colonial fundou-se no deslocamento imaginário da noção desigualadora de escravo para uma coordenada de contrários fundada sob a perspectiva da diferença entre homens livres e escravos. Nessa nova perspectiva, um indivíduo não *está* escravo, ele *é* escravo. Conforme vimos anteriormente, esta desigual-

---

31 Outro aspecto do massacre de tutsis em Ruanda, em 1994, foi a condenável omissão das Nações Unidas diante de um massacre previamente arquitetado e anunciado. De igual maneira, os americanos, habituais interventores em conflitos regionais quando têm interesses a defender, declinaram do seu habitual discurso de polícia planetária neste caso.

dade radical que é a escravidão, e que se via então transformada em diferença no sistema escravista, era levada também a se entremear com outras diferenças, igualmente construídas historicamente. "Negro", "africano" e "escravo" passavam a constituir um único novelo de diferenças na lógica do escravismo colonial moderno[32].

Os deslocamentos que se dão entre o eixo circunstancial das desigualdades e a coordenada essencial das diferenças foram muito recorrentes no período moderno, envolvendo diversos outros contextos para além da questão da escravidão. A noção de nobreza, seja no período antigo ou no início do período medieval, foi gerada a partir de certas circunstâncias de desigualdade ligadas ao acesso à terra e à posse de armas. No decorrer de um complexo processo histórico, a oposição dos pares contraditórios "nobre" e "não nobre" foi deslocada para uma coordenada de contrariedades na qual "nobre" passou a ser designativo de uma essência. Nascia-se nobre, embora essa ideia convivesse ainda com a ideia antagônica de que "faziam-se nobres", sobretudo a partir das mãos do rei.

É sintomático que, no preâmbulo dos movimentos sociais contra os privilégios aristocráticos, já no período de questionamento do Antigo Regime que se deu na Europa moderna, os filósofos iluministas tenham se esforçado por elaborar uma nova leitura da noção de nobreza, reencaminhando-a do eixo essencial das diferenças ao eixo circunstancial das desigualdades. O circunstancial, conforme vimos, é mais maleável à ação humana, e está por isto mais claramente sujeito à história. De igual modo, o movimento revolucionário só pôde remover o monarca de sua posição absolutista quando desconstruiu o seu misterioso halo de diferença, regrado a direito divino, e passou a ler a figura régia como a de um agente instaurador de desigualdade – um tirano! Não é pos-

---

32 Rememtemos a discussão mais complexa dos deslocamentos históricos entre diferença escrava e desigualdade escrava para o livro *A construção social da cor* (2009). Apesar de publicado antes no mercado editorial brasileiro, esse livro é posterior ao presente ensaio.

sível cortar a cabeça de um rei diferenciado de todos os homens pelo próprio Criador, mas facilmente se decapita um tirano que foi alçado ao poder por mecanismos de desigualdade inventados pelos próprios homens. Destituído da diferença e declarada a sua desigualdade, o rei facilmente perde a cabeça.

Diversos exemplos históricos, enfim, mostram-nos as profundas implicações que se escondem na leitura das desigualdades como diferenças, ou na leitura das diferenças como desigualdades. Obviamente, estes deslocamentos não são gratuitos, não ocorrem senão como signos de profundas alterações que vão se dando na história de determinadas sociedades.

8 Mulher: da incompletude medieval às lutas pela plenitude

Um penúltimo exemplo contribuirá para a compreensão de que a diferença também pode ser lida como desigualdade para atender a determinados projetos sociais de dominação. Na filosofia medieval, teve bastante recorrência a ideia de que a mulher era um homem incompleto (assim como a de que a criança é um adulto incipiente). Percebe-se que aqui uma diferença sexual natural bastante evidente é relida como uma desigualdade na origem.

A ideia de que a mulher é um "homem inacabado" (*mas occasionatus*) é uma herança aristotélica que se estendeu e ganhou força na Idade Média, em particular com o pensamento de Santo Tomás de Aquino[33]. Assim, esse "mas occasionatus" que seria a mulher era

---

33 Tomás de Aquino. *Summa Theologica* I.q.92, a.1 ad 4. Para Aristóteles, entrementes, a diferença desigual entre os dois sexos originava-se do próprio processo de fecundação. O ovo fecundado, e que chegasse à maturidade, resultaria no indivíduo masculino. Enquanto isso, a mulher corresponderia a um desenvolvimento não chegado à plenitude. A mulher seria, assim, um "macho incompleto", "frustrado". Mais especificamente, Aristóteles acreditava que, no processo de fecundação, o sêmen masculino buscava sempre dominar a substância reprodutiva feminina. Bem-sucedido, causaria a geração de uma criança masculina. Na metade dos casos, todavia, o próprio sêmen terminava por ser dominado – seja por que fosse fraco, seja porque a substância feminina tivesse tido sucesso em resistir à sua ação, seja por alguma outra razão qualquer. Neste caso, uma criança feminina nasceria. Sobre a origem o

aqui visto como mero receptáculo passivo para a força generativa e única do varão, acrescentando ainda Santo Tomás de Aquino que "a mulher necessita do homem não somente para engendrar, como fazem os animais, senão também para governar, porquanto o homem é mais perfeito por sua razão e mais forte por sua virtude"[34].

As propostas de Tomás de Aquino (1227-1274 d.C.) para o entendimento da sexualidade humana e para uma argumentação acerca da existência de uma distinção hierárquica entre os dois gêneros vinham, como se disse, de longínquas fontes clássicas, e remetiam a uma bem ajustada combinação entre o modelo da "ordem dos seres", proposto pelo filósofo grego Aristóteles (384-322 a.C.) – um modelo que reservava ao homem o grau máximo da perfeição metafísica, deixando a mulher em segundo lugar – e o modelo de "corpo anatômico" elaborado por Galeno (129-200 d.C.), médico da Roma antiga[35]. Remonta daí um padrão de percepção das anatomias dos dois gêneros como variações derivadas de um modelo fisiológico e anatômico único – o masculino – notando-se que para o caso dos órgãos genitais o homem os teria voltados para fora e a mulher os teria internalizados (configurando-se assim uma inferioridade, uma incompletude, como veremos mais adiante)[36].

Segundo as implicações desta que hoje nos soaria como uma estranha perspectiva sobre os sexos, a própria natureza teria tratado desigualmente os seres na sua origem, gerando uns que são completos e outros que são incompletos. Cria-se aí uma hierarquia

---

desenvolvimento do axioma aristotélico sobre a incompletude da mulher, ver o artigo de J. Winandy intitulado "La femme: un homme manque" (1978, p. 865-870).

34 TOMÁS DE AQUINO. *Summa contra Gentiles* III, 123.

35 Sobre isto, cf. o artigo de Paulo Roberto Ceccarelli, intitulado "Diferenças sexuais... Quantas existem?" (CECCARELLI, 1997).

36 Segundo Laqueur, em seu estudo *A fábrica do sexo* (1992), este modelo do "sexo único" perdura como modelo dominante até o século XVIII, quando então começa a se projetar um outro modelo no qual os gêneros masculino e feminino começam a ser percebidos como claramente diferenciados nos aspectos anatômico e fisiológico (CECCARELLI, 1994, p. 2).

"natural", que reforça as hierarquias sociais e políticas, onde o completo está acima do incompleto, ou o homem acima da mulher. Esta ideologia de bases antigas e medievais sobre as distinções e relações de gênero, aliás, parece não desaparecer totalmente com a medievalidade, e estende-se de alguma maneira até o século XVIII[37], quando, sob as luzes da Ilustração, começa-se a pensar pela primeira vez uma sistematização mais atenta e particularizada acerca das diferenças anatômicas e fisiológicas entre os dois sexos, um não mais visto como derivado do outro – ou como a "incompletude" do outro – o que terminou por permitir a alguns dos filósofos iluministas "desnaturalizar" a desigualdade sexual e a reconhecer a necessidade de um espaço social e político para a mulher. Ainda assim, mesmo Modernidade adentro, após um relativamente breve período de valorização da diferença feminina com o Iluminismo francês, logo iremos encontrar diversos autores que voltam a sustentar mais inflexivelmente a ideia de incompletude da mulher em relação ao homem, ou mesmo a existência de uma desigualdade sexual natural[38].

Retomando as origens medievais, vale ainda lembrar que – para a mesma época em que Santo Tomás de Aquino resgatava a noção aristotélica da mulher como "homem inacabado" – a historiadora Christine Pouchelle (1983) iria descobrir nas anotações de um cirur-

---

37 Alguns autores identificam a emergência de uma percepção diferenciadora entre os dois sexos, superando o modelo do padrão único com duas variantes, já na Renascença. A este respeito, cf. as considerações de Pierre Bourdieu em *A dominação masculina* (1998).

38 Schopenhauer, um dos mais misóginos dentre os filósofos modernos, é autor de passagens que promovem uma leitura das relações de gênero com base no deslocamento das diferenças para o plano das desigualdades sexuais, por ele postuladas como naturais. Em diversos momentos ele exprime essa concepção do sexo feminino como "naturalmente desigual" em relação ao sexo masculino (e não apenas "naturalmente diferente"). "Para amas e educadoras em nossa primeira infância, as mulheres se mostram particularmente adequadas, já que são infantis, tolas, e têm uma visão curta. Em poucas palavras, são crianças grandes: uma espécie de estágio intermediário entre a criança e o homem, este sim, uma pessoa de verdade" (SCHOPENHAUER, 2004, p. 7). Ou ainda: "[a mulher] é, antes, uma mente míope, na medida em que sua inteligência intuitiva enxerga com acuidade o que está próximo, mas em contrapartida tem um círculo de visão estreito, no qual o que está distante fica de fora; é por isso que tudo o que está ausente, que é passado ou ainda virá, atua de modo muito mais fraco sobre as mulheres do que sobre nós" (SCHOPENHAUER, 2004, p.14-15).

gião medieval, e em outras fontes do mesmo período, a representação da vagina como "falo invertido". Desta maneira, ora representada como "homem inacabado", ora como "homem invertido", a mulher perde, nas representações geradas pela dominação masculina medieval, o direito a ser percebida como singularidade, como "diferença", como fisiologia específica. E, portanto, como psicologia específica[39].

Tal como observa Pierre Bourdieu em seu estudo sobre *A dominação masculina* (1998), com base nestes diversos exemplos – e considerando esta atmosfera medieval de representações na qual o masculino e o feminino são vistos não como fisiologias diferenciadas e singulares, mas sim como as variantes superior e inferior de uma mesma e única fisiologia – não é difícil compreender por que, "até o Renascimento, não se dispusesse de terminologia anatômica para descrever em detalhes o sexo da mulher, sendo este representado como composto dos mesmos órgãos que o do homem, apenas que dispostos de maneira inversa"[40].

Esteja na Renascença ou na Ilustração a base inicial para um contraste entre os dois gêneros que se baseasse na "diferenciação", e não na "desigualdade natural" – o que de resto ainda necessita ser in-

---

39 Há pelo menos uma proposição exatamente inversa na literatura feminista sobre os gêneros. Valerie Solanas (1936-1988) – escritora feminista radical que teorizou sobre a superioridade genética, psicofísica e intelectual da mulher – não se constrange em dizer: "O homem é um acidente biológico. O gene Y (masculino) é um gene X (feminino) incompleto, quer dizer, é um conjunto imperfeito de cromossomos. Por outras palavras, o homem é uma fêmea incompleta, um aborto com pernas, falhado na fase do gene. Ser homem é ser deficiente, emocionalmente limitado; a masculinidade é uma doença e os homens são seres emocionalmente estropiados" (SOLANAS. *Manifesto da Scum*).

40 Bourdieu, 2005, p. 24. A importância do ensaio de Bourdieu está em mostrar que "a definição social dos órgãos sexuais, longe de ser um simples registro de propriedades naturais, diretamente expostas à percepção, é produto de uma construção efetuada à custa de uma série de escolhas orientadas, ou melhor, através da acentuação de certas diferenças, ou do obscurecimento de certas semelhanças" (BOURDIEU, 2005, p. 23). Acrescentaremos que, em meio a este jogo de acentuar, obscurecer, inventar ou cancelar diferenças, de modo a construir uma representação das oposições de gênero que melhor favoreça a dominação masculina, a pedra de toque, o impedioso lance final do sistema medieval de representação dos sexos, é imobilizar a discussão em um plano imaginário de desigualdes que estaria legitimado pela própria natureza. Lance final que, de resto, se reeditaria de novas maneiras em períodos posteriores.

vestigado mais sistematicamente pelos historiadores – o fato é que foi um passo bastante importante para a ampliação dos direitos da mulher essa possibilidade de trazer a discussão sobre os gêneros sexuais para o plano das diferenças, e não mais conservá-la em um pretenso plano de desigualdades naturais impostas desde a origem pela natureza ou por um Deus desigualador. Corrige-se, aqui, a violência simbólica gerada pelo tratamento da diferença como desigualdade. Permite-se atacar aqui, conforme veremos mais adiante, o problema da "Indiferenciação" (do sutil gesto de desconsiderar as diferenças com vistas a impor desigualdades).

9 Infância: do adulto incipiente à singularidade infantil

A Idade Média traria ainda mais em termos de estratégias de representação e dominação francamente favoráveis ao poder concentrado no indivíduo adulto masculino. Da mesma forma em que os gêneros são examinados nesta época em termos de desigualdades, e não de diferenças, demonstram os estudos de Philippe Ariès[41] que também a noção de infância propriamente dita não pôde surgir na Idade Média, já que a criança era então vista como um "adulto incipiente" e, portanto, dentro do âmbito de uma desigualdade a ser superada, e não de uma diferença a ser considerada. Somente depois se reconheceu a infância como uma diferença – como uma essência psicológica e biológica específica, e não como um estado

---

41 Ariès, 1980, p. 42. Heywood (2004) reviu algumas colocações de Ariès, avançando no sentido de identificar diferentes concepções sobre a infância em várias épocas e sociedades e de ultrapassar uma cronologia mais simplista. De qualquer modo, a ideia da criança como um adulto ainda incompleto, igualmente instituidora de uma concepção que transforma a diferença em desigualdade, também aparece em Aristóteles, para quem "como a criança é um ser incompleto, é evidente que sua virtude não se refere a si própria, mas a seu fim, àquele que a dirige" (ARISTÓTELES, 1985, p. 1.260a4-1.260b20). Nada impede, por outro lado, que a História apresente mesmo nos períodos anteriores à Modernidade eventuais esforços de compreender a criança na sua especificidade, e excepcionalmente iremos encontrar na Idade Média mosteiros que neste sentido se dedicaram à educação infantil (DE CASSAGNE, 2004, p. 21).

incipiente do Ser adulto[42]. Enquanto a criança era tratada no plano da desigualdade (um adulto incipiente está em relação de evidente desigualdade com relação ao adulto desenvolvido) a infância não adquiriu representações específicas, inclusive na arte e na produção de um vestuário próprio[43].

Na história da criança, é precisamente a Idade Moderna que traz o processo que passará a dar a reconhecer a infância como diferença em relação à idade adulta, e não mais como desigualdade em relação a ela. É oportuno ressaltar que o fenômeno da descoberta da infância – enquanto essência singular, isto é, uma *diferença* – dá-se antes nas famílias de nobres, e só mais tarde vai descendo no espectro social até chegar às classes sociais ditas inferiores, precisamente porque estas precisavam de suas crianças para complementar o trabalho adulto na luta pela sobrevivência familiar diária. Assim, verifica-se que o "sentimento da infância" foi sendo construído historicamente, e que apresentou diferentes significados conforme os seus destinatários sociais. Em tempos mais remotos, verifica-se que para alguns grupos sociais seria reconhecido, na prática, o direito a desenvolverem este "sentimento de infância", enquanto para outros grupos este sentimento foi vedado até quando se pôde, já que, devido às demandas e condições econômicas, desde cedo os filhos das famílias humildes eram levados a participar do mundo reservado aos adultos através do trabalho. Para nossa discussão conceitual, isto quer dizer que – em uma mesma sociedade, conforme o grupo social e sua posição no mundo do trabalho ou no universo sociopolítico – podia se dar que a infância fosse considerada como desigualdade (situação que interessava aos empregadores no sentido de que poderiam pagar ao "adulto incipiente" das classes inferiores menor salário em virtude de

---

42 Um dos primeiros filósofos a reconhecer essa diferença e suas implicações foi Jean-Jacques Rousseau (1979). Texto original de 1762.

43 Ariés, 1980, p. 17.

sua "incipiência"), ou como diferença (a infância como modalidade de ser nas classes superiores).

10 Diferença desigual e desigualdade diferente

Reunindo as situações até aqui evocadas, é possível dizer que deslocamentos impostos entre os planos da desigualdade e diferença podem significar opressão ou dominação (mas também libertação, quando o deslocamento refere-se a uma posterior desconstrução do deslocamento opressor no sentido inverso). Por isto, a delimitação entre diferença e desigualdade pode ser de tão vital importância para a justiça social. Impor um tratamento "desigual" relativamente a dois ou mais indivíduos, ou conceder um tratamento "diferenciador" a estes mesmos indivíduos – visando corrigir desigualdades, ou buscando atender a especificidades em cada caso – pode ser, em certos casos, a chave mestra para combater a desigualdade social.

Em alguns dos exemplos acima, a transformação original de uma desigualdade em diferença terminou por imobilizar uma opressão, transmudando-a de circunstância reversível em essência aparentemente fixa (o escravo circunstancial no escravo essencial). Já a transformação de uma diferença em desigualdade terminou por criar hierarquias injustificadas, por transformar diferenças de mesmo nível em categorias desniveladoras (a mulher em homem inacabado). Adicionalmente, em alguns dos casos arrolados, pode-se ainda dizer que o caminho inverso terminou por corrigir o desequilíbrio até desconstruir a violência simbólica do primeiro deslocamento. Em um grupo de situações foi restituído à diferença o seu estatuto natural (uma "diferença de sexo", que gradualmente passa a ocupar a devida centralidade nos modernos discursos sobre os gêneros, e não mais uma inferioridade de sexo). Em outras situações, reconduziu-se a desigualdade ao seu plano, restituindo-lhe a reversibilidade e, portanto, a possibilidade de ser superada através de uma ação social (a abolição da escravidão, o questionamento dos privilégios aristocráticos).

Em geral, costumam surgir certos produtos híbridos dos deslocamentos impostos entre as desigualdades e diferenças com vistas a dar suporte ou a constituir sistemas de dominação. As "diferenças desiguais" ou as "desigualdades diferentes", de diversos tipos, são esses produtos ambíguos surgidos dos vários processos de dominação social. O nobre aprendeu a se enxergar como diferença positiva inscrita no próprio sangue. O pobre (uma desigualdade) torna-se para o rico preconceituoso um "desigual diferente". Localizado de maneira menos privilegiada na escala da desigualdade, por nascimento ou por infortúnio, será não raro visto por aqueles que se localizaram em pontos mais privilegiados da escala da desigualdade como alguém que estava mesmo destinado à pobreza, ou que é de outra natureza que não o rico. Em contrapartida, a mulher, diferença sexual que deveria se contrariar em mesmo nível à diferença masculina, vê-se submetida a imemoriais processos de desigualação. Torna-se, aprisionada em um mundo de desigualdades econômicas e sociais e de oportunidades que lhe são vedadas, um diferente desigual. Pior ainda para as variações de sexualidade, seja no plano das características biológicas, seja no plano das orientações e motivações sexuais, pois em muitas sociedades elas costumam ser ainda mais desigualadas na comparação com o tradicional par dimórfico heterossexual.

A minoria étnica, aqui e acolá, e neste e em um outro tempo, perde direitos sociais e políticos. Trata-se de um diferente que é tratado como desigual pelo sistema dominante: mais um caso de diferença desigual. O escravo dos tempos antigos e coloniais – o ser humano que mais violentamente foi submetido a um processo de radical desigualdade em relação à sua natureza humana e a seus direitos sociais – passará a ser visto em vários sistemas como um desigual diferente, até se tornar pura diferença como se escravo tivesse nascido, ou como se tivesse nascido para ser escravo. Forjar-se-ão conceitos de "raças escravas", mitos de maldições que condenaram à escravidão certas tonalidades de pele, doutrinas científicas sobre a superioridade e inferioridade das raças, e, antes disso, teorias científicas para forjar a própria ideia de raça. Fabrica-se não raro uma diferença para ser tratada como desigualdade.

O estranho híbrido de desigualdade e diferença é a ponta, visível ou invisível, de processos de dominação. Desconstruir uma das dimensões deste hibridismo, para desobstruir a outra, ou para dar visibilidade à outra, é frequentemente uma ação libertadora. Em um caso restitui-se o direito de ser diferente; em outro, dá-se visibilidade a uma condição de pura desigualdade, permitindo que daí surja uma consciência capaz de lutar contra esta desigualdade.

É oportuno destacar ainda que cada sociedade tem desenvolvido de maneira particularmente intensa as suas tecnologias específicas com vistas à construção deste híbrido que poderemos chamar de "diferente-desigual". Cada cultura e sociedade, da antiga Mesopotâmia às diversas sociedades do mundo moderno, no contexto de seus complexos sistemas de dominação, têm elaborado na charneira de seus sistemas sociais e políticos seus modos particulares de inscrição da desigualdade na diferença a ser submetida.

Por vezes surgem de forma bem explícita estas tecnologias sociais que se destinam a dar visibilidade a uma dimensão de desigualdade que se quer impor à diferença. Materializa-se a desigualdade na diferença de múltiplas maneiras. Mais uma vez será possível exemplificar com a clássica oposição entre os gêneros masculino e feminino. Para nos afastarmos por um instante dos fartos exemplos de tecnologias desigualadoras da sexualidade que se desenvolveram no Ocidente moderno, também as antigas sociedades do Oriente Médio, China e Índia sob o contexto do confucionismo nos oferecem exemplos de caminhos peculiares para a inscrição da desigualdade social na diferença feminina. Aqui veremos, respectivamente, como se verifica a inscrição da desigualdade na diferença sexual através da vestimenta da mulher, do corpo e da representação da sua alma.

As antigas sociedades do Oriente Médio, mais particularmente os povos que depois se tornariam islâmicos e que reforçariam certos padrões de desequalização das diferenças sexuais, nos mostram certo rol de possibilidades de inscrição da desigualdade na diferença através das vestimentas. O mundo islâmico, aliás, iria instituir o véu (o "hijab") precisamente como signo desta desigualdade entre os sexos através da explicitação da dependência da mulher em relação ao homem. No âmbito das escrituras cristãs, o Novo Testamento[44] nos oferece exemplos correspondentes, e pode ser citada particularmente uma das epístolas de São Paulo, que discorre sobre o uso do véu pelas mulheres (1Cor 11,4-16). O que é a imposição do véu para as mulheres que se apresentam no espaço público senão uma forma de materializar na roupa e no modo de usar a roupa o registro da submissão feminina obrigatória a cada mulher, e de aqui concretizar um sinal de seu pertencimento a pais e maridos?

De maneira análoga, a China antiga nos oferece o contundente exemplo do enfaixamento dos pés femininos, prática que visava produzir a quebradura de pequenos ossos nos pés das mulheres – sobretudo nas classes mais altas – de modo a redesenhar-lhes a forma e a limitar-lhes a capacidade de caminhar a um andar curto e redondo que então passava a constituir, nestas mesmas sociedades, um novo padrão de beleza[45]. Ter os pés mutilados, e consequentemente os

---

44 *"O véu das mulheres* – (4) Todo o homem que reza ou profetiza, de cabeça coberta, desonra sua cabeça. (5) Mas a mulher que reza ou profetiza, de cabeça descoberta, desonra a sua cabeça; é como se estivesse com a cabeça raspada. (6) Se a mulher não usa véu, mande cortar os cabelos! Mas se é vergonhoso para uma mulher cortar os cabelos ou raspar a cabeça, então se cubra com um véu. (7) O homem não deve cobrir a cabeça, porque é imagem e glória de Deus; mas a mulher é glória do homem. (8) Pois não foi o homem que foi tirado da mulher, mas a mulher do homem. (9) E o homem não foi criado para a mulher, mas a mulher para o homem. (10) Por isso, a mulher deve trazer sobre a cabeça o sinal da autoridade, por causa dos anjos" (11Cor 1,4-11).

45 A prática de modelar os pés femininos propunha-se a redesenhá-lo, conforme o formato de uma flor de lis, e objetivava conter o seu crescimento ao máximo 10 de centímetros. O conjunto de operações constituía-se de dolorosas massagens e de uma progressão de sucessivos enfaixamentos compressivos a que eram submetidos os pés das meninas chinesas de 5 ou 6 anos de idade. A prática se iniciou na Dinastia Song (960-1297), no âmbito das classes sociais mais altas, e nos períodos Ming (1369-1644) e Ching (1644-1944) expandiu-se para

movimentos das pernas tolhidos em comparação com o andar masculino, passa a ser tido nestas sociedades como signo de uma elegante modéstia feminina e de uma encantadora submissão que deveria compor a beleza da mulher chinesa da Antiguidade.

Uma vez que este padrão de beleza era incorporado às expectativas sociais e estéticas, frequentemente as possibilidades de um bom casamento no futuro dependiam de que as jovens chinesas fossem submetidas a esta operação, de modo que as próprias mães se encarregavam de sujeitar as suas filhas a esta torturante prática. Findo o processo, as jovens eram presenteadas com sapatos de seda próprios para os seus pequenos pés, e tudo isto – pés em formato de flor-de-lis envelopados em preciosos sapatos de seda – terminava por constituir simultaneamente o signo de uma certa posição social e de uma postura feminina adequada. Com o tempo, as classes menos abastadas também passaram a adotar o costume do enfaixamento, que na origem referia-se a um grupo social mais elevado.

Em que consistia a prática do enfaixamento dos pés femininos, senão inscrever a desigualdade no próprio corpo, ou, mais que isso, produzir a própria diferença-desigualdade no corpo ao lhe acrescentar limitações e reduções de potência? Com os pés deformados pelo enfaixamento, a mulher chinesa tornava-se incapaz de correr ou andar grandes distâncias, o que vinha bem ao encontro da intenção de conservá-la recolhida ao recinto doméstico. O mundo chinês aqui desenvolve, com estas práticas, uma nova tecnologia social para impor a desigualdade na diferença de gênero: a de remodelar o corpo feminino de maneira a lhe impor novas restrições em comparação com o corpo masculino, este sim livre para caminhar a passos largos e desimpedidos[46].

---

as classes sociais menos privilegiadas. Em 1911, a revolução republicana a proíbe, embora o enfaixamento tenha continuado a ser praticado em regiões mais periféricas. Em 1949, com a instalação da China comunista, esta prática cultural passa a ser violentamente reprimida.

46 Textos chineses registram ainda que o estilo de caminhada a que tinham de se adaptar as mulheres de "pés de lis" – sempre um caminhar extremamente doloroso – terminava por

Exemplos ainda mais contundentes de inscrição de signos da desigualdade através da remodelação do corpo poderiam nos remeter aos casos de ablação dos genitais femininos em regiões da África Subsaariana e do Oriente Médio[47]. Já nem falaremos, por se tratar de outra ordem de questões, de práticas médicas em períodos diversos ou mesmo contemporâneos que constituem aquilo que habitualmente se denomina "clitoridectomia", e que se destinam a "corrigir" genitálias de meninas nascidas com clitóris maiores do que o estereótipo genital feminino que se quer considerar como o "normal". Aqui, estaríamos em um outro âmbito de considerações, que seria a pura e simples rejeição da diferença em favor do estereótipo[48].

11 A diferença das almas

A inscrição da desigualdade na diferença sexual, agora através de um novo modo da "representação da alma", é-nos oferecida historicamente pelas antigas discussões entre os sábios indianos, de períodos recuados, acerca dos destinos da mulher virtuosa após a morte. Passaria de imediato a mulher, após viver uma vida irrepreensível,

---

contribuir também para uma contração das musculaturas das nádegas, quadris e pélvis, o que resultaria em maior prazer sexual para o seu parceiro masculino. Deste modo, a dor das mulheres de pés remodelados corresponderia, na contrapartida, a um aumento no prazer sexual masculino.

47 O relatório da Unicef (Fundo das Nações Unidas para a Infância), publicado em novembro de 2005, registrava que em 28 países da África Subsaariana e do Oriente Médio era praticada a mutilação genital feminina (remoção do clitóris e dos lábios menores da vulva), calculando-se um total de 130 milhões de mulheres afetadas por estas práticas culturais. A persistência da mutilação genital nestas sociedades ancora-se na ideia de que, nas mulheres vitimadas por esta prática cultural, a ablação ressaltaria a beleza, *status* social, honra e castidade, com implicação para uma maior possibilidade de casamento futuro. Temos aqui motivações análogas às que encontramos na prática de remodelação dos pés femininos nas mulheres chinesas das dinastias Song, Ming e Ching.

48 Estipula-se que uma entre 2.500 pessoas, enquadradas como pertencentes ao sexo feminino ou masculino, nascem com uma genitália que difere dos estereótipos em relação à sua aparência ou funcionalidade. Um bom número destas pessoas termina por ser submetido a cirurgias que visam à "correção" da genitália. Em alguns casos, como o de intersexuais, os indivíduos chegam a ser submetidos a operações que buscam "resolver" a contradição entre seus corpos e os estereótipos genitais.

a um âmbito espiritual superior (como seria o caso dos homens), ou esta mulher virtuosa, após a morte, deveria renascer ainda uma vez como homem, cumprindo uma espécie de estágio antes que pudesse seguir seu destino espiritual subsequente?

Alguns dos antigos sábios indianos que defendiam esta última alternativa, numa discussão que não chegou a resultado algum, o que estariam fazendo senão inscrever uma "desigualdade de gênero" no próprio espectro de renascimentos da alma? Tratava-se não mais de remodelar o corpo feminino, ou parte deste corpo, mas talvez de remodelar, através de sua representação, a própria alma feminina[49].

Nas várias arenas em que se desenvolvem as intensas lutas de representações acerca das diferenças de gênero, e isto nas diversas sociedades históricas e contemporâneas, frequentemente veremos que as posições em favor de uma melhoria das condições sociais da mulher, e de outras diferenças oprimidas, não podem afirmar-se senão através de uma prévia desconstrução de representações desse tipo. Não é por acaso que o Dalai-Lama – líder religioso do budismo tibetano e no âmbito político um habitual defensor de minorias e grupos oprimidos – resolveu divulgar a informação de que a sua próxima reencarnação talvez viesse a ser feminina. Essa desconstrução diz tudo. Desautorizar qualquer concepção em que o feminino possa ser visto como estágio ou condição anterior e inferior ao masculino – isto é, como "desigualdade de gênero" ao invés de "diferença de gênero" – é contragolpe necessário e obrigatório na luta das representações de gêneros.

Os exemplos atrás discutidos, que vêm se juntar a outros contemporâneos, mostram claramente como as diversas sociedades

---

49 Pode ser citada uma representação análoga da mulher no diálogo *Timeu*, de Platão, embora invertida. Ao invés de a mulher ser encarada como um ser que ainda não adquiriu espiritualidade suficiente para se tornar homem (ou uma alma masculina), as mulheres são vistas como os homens que decaíram: "Dos homens nascidos, os que se revelaram pusilânimes ou durante a vida só praticaram injustiças, com toda a probabilidade foram transformados em mulheres na segunda geração. Por tal motivo, nessa época foi que os deuses construíram o desejo e a conjunção carnal, modelando um ser animado em nós e outro nas mulheres (PLATÃO. *Timeu*, 90e-91a).

historicamente constituídas, sempre a serviço de certos polos de diferenças e em detrimento de outros, foram bastante hábeis em desenvolver tecnologias sociais específicas para imposição de desigualdades ao mundo das diferenças.

Passaremos em seguida a um tema repleto de complexidades e paradoxos. Talvez haja poucos territórios em que se imponha com tanta visibilidade este imbricamento de desigualdade e diferença como a loucura. Será útil examiná-la. Embora social na ponta que a institui, a loucura atinge ao fim de tudo não a grupos, mas a indivíduos. Posto isto, a loucura poderá trazer alguma luz à argumentação proposta.

12 Loucura: rede para captar diferenças e impor desigualdades

Os territórios concretos e imaginários onde se coloca a questão da diferença e da desigualdade – e, portanto, sujeitos à ocorrência de deslocamentos entre estas duas noções – são certamente inumeráveis, embora aqui tenhamos apenas discorrido em torno de alguns daqueles âmbitos que se tornam mais enfáticos para a vida social: o sexo, a nacionalidade, a religiosidade, a "raça". Cumpre notar que não apenas cada um destes aspectos sofre constantes e intensos deslocamentos e transmudações no decurso da história, como também se modifica a importância social que se pode atribuir a cada um destes âmbitos. Diferenças outras também poderiam ser examinadas. A "loucura", por exemplo, contraposta como diferença ou desigualdade ao que se entenderia por "sanidade" ou "equilíbrio" nos dias de hoje, teria muito a nos ensinar, como também diversos outros diferenciais.

Sabe-se, com as pesquisas de Michel Foucault (1972), Chantal Bosseur (1974) e outros autores[50], que em diversas sociedades do mundo antigo e medieval o "louco" era beneficiado pelo estatuto do

---

50 Foucault, 1961; Bosseur, 1976.

"sagrado", do "mágico" ou do "artístico", merecendo um tratamento diferencial em relação às pessoas comuns[51]. As mudanças identificadas por Foucault nas sociedades ocidentais a partir do século XVII, quando surgem as instituições asilares para loucos e outros tipos que passaram a ser considerados como párias da sociedade, mostram-nos o deslocamento do "louco" – ou do indivíduo que passa a ser percebido como louco – entre os âmbitos da diferença e da desigualdade[52]. Passa-se da "diferença com direito a se afirmar" à "diferença a ser reprimida", submetida a desigualdades. Mais tarde, passa-se simplesmente à categoria da pura desigualdade: o louco é aquele que perdeu a razão – não aquele que tem na sua singularidade algo de outra natureza, algo da ordem do sagrado ou do artístico, mas aquele que não tem ou apresenta algo que o faria normal. O louco é então aquele que se desviou da normalidade, ou que foi desviado da normalidade por insuficiências "naturais" ou por acidentes vários, e não aquele que se contrapõe ao homem comum em um outro plano, diferente, mas, de certo modo, de mesmo nível. O louco agora estará abaixo da linha da normalidade, e não mais ao lado.

Doravante, a partir das transformações históricas dos séculos XVII e XVIII, a loucura não será mais cultuada como uma "diferença sagrada" ou "lúdica", mas sim reprimida, afastada dos olhos, mar-

---

51 Foucault discute o problema da exclusão do louco nas mais diversas sociedades fazendo notar que, nos quatro principais domínios da atividade humana – o âmbito do trabalho (produção econômica), o âmbito da sexualidade e da família, o âmbito da comunicação (discurso, fala), e o âmbito do lúdico (festas, esportes, lazer) – sempre existiram os que se excluem ou são excluídos de um ou outro destes domínios. O "louco", de sua parte, pode ser entendido como aquele que se exclui socialmente de todos estes domínios. Nas diversas sociedades, por outro lado, o louco pode receber estatutos variados: "religioso", "mágico", "lúdico", "patológico" (FOUCAULT, 2006, p. 259-267). A partir da Modernidade, ao indivíduo designado como louco teria sido imposto nas sociedades ocidentais um estatuto patológico. Trata-se, ainda, de um deslocamento imposto pela consolidação do Capitalismo. Com outros tipos de excluídos – o marginal, o mendigo, o vagabundo – o louco é um dos tipos sociais que não se integra ao trabalho. Não é por acaso que Freud teria definido o louco como aquele que não consegue trabalhar nem amar.

52 Análise análoga pode ser empreendida para a figura do "mendigo", que desliza da "diferença" inserida na economia religiosa medieval para a "desigualdade" marginal em uma sociedade capitalista que passa a exigir de todos o trabalho, reclassificando mendigos como vagabundos e impondo-lhes pesadas punições. Sobre o pobre e o mendigo na Idade Média, cf. Mollat, 1989.

ginalizada. O louco, que havia circulado mais livremente em outras sociedades e tempos históricos, será acorrentado a partir do século XVII pela civilização ocidental, como se fosse um criminoso de alta periculosidade. Será implacavelmente perseguido pela modernidade capitalista por mal se ajustar ao sistema do capital e trabalho. O louco, de acordo com o ditado popular, "rasga dinheiro", e, aos olhos capitalistas, não costuma se inserir adequadamente, ou de nenhuma maneira, no sistema produtivo. Em fins do século XVIII o louco será poupado, pelo célebre Doutor Philippe Pinel (1745-1826), das pesadas correntes de ferro que ganhara no século XVII, mas na verdade apenas para tê-las substituídas por novas e ainda mais poderosas correntes[53], porque institucionais e simbólicas, já no contexto do surgimento das primeiras instituições com estrutura similar à dos hospitais psiquiátricos (não mais, portanto, os meros asilos excluidores que haviam surgido com a modernidade barroca)[54]. Breve, com a avassaladora consolidação da psiquiatria no século XIX, a loucura passará a ser definitivamente examinada como doença a ser curada, isto é, como "desigualdade" a ser corrigida, consertada, amputada, lobotomizada, às vezes tutelada[55]. Vigiada e encarcera-

---

53 No calor e espírito dos acontecimentos revolucionários, revestem-se de motivações humanitárias as ações de Pinel – que em 1798 era diretor do manicômio de Bicêtre, nos arredores de Paris, e consegue autorização para libertar das correntes de ferro certos indivíduos considerados loucos. Por outro lado, ele também está nas origens do novo campo de saber que constituiria a Psiquiatria. É autor da primeira tentativa de classificação das formas de loucura, dividindo-as em "manias", "melancolias", "demências", "idiotias". Gradualmente surgiriam sistemas classificatórios mais complexos. Encontram-se aí os primórdios de um sistema progressivamente eficaz para capturar diferenças, cada vez mais diversificadas, e aprisioná-las todas no conceito de loucura. No limite imaginário, está a famosa sátira de Machado de Assis, o conto *O alienista*, no qual um psiquiatra interna no hospício toda a comunidade, e termina por internar a si mesmo (MACHADO DE ASSIS, 1994).

54 Será em fins do século XVIII, ressalta Foucault, que se rompem os últimos traços de diálogos entre razão e desrazão: "A constituição da loucura como doença mental, no fim do século XVIII, atesta um diálogo rompido, dá a separação como fato consumado, e enterra no esquecimento todas estas palavras imperfeitas, sem sintaxe fixa, um pouco balbuciantes, na qual se dava a troca da loucura e da razão. A linguagem da psiquiatria, que é o monólogo da razão sobre a loucura, só se pode estabelecer sobre tal silêncio" (FOUCAULT, 1961, p. 4).

55 Em que pese que remonte a fins do século XVIII a instituição desta ruptura psiquiátrica a que se refere Foucault, o século XIX corresponde ao efetivo triunfo deste novo discurso

da em manicômios, essa antiga "diferença" via-se agora forçada, em camisas de força e através de sedativos e choques elétricos, a sofrer dolorosamente como "desigualdade".

O Movimento da Antipsiquiatria[56], propondo mais tarde nova mudança de rumo, intenta tratar o esquizofrênico mais uma vez como uma "diferença" a ser compreendida, e é deste modo que edifica o seu projeto em torno da tentativa de compreender a singularidade do louco como "experiência", e não meramente como "comportamento". Em muitos casos, a loucura – aquilo que se tem socialmente por loucura – será vista aqui como a resposta do indivíduo a uma realidade alienante e sufocante, a um ambiente, este sim, "doentio", opressivamente doentio a ponto de gerar no indivíduo o movimento de se apartar da realidade insuportável através da instituição em si mesmo da diferença que será lida socialmente como loucura. A antipsiquiatria irá propor a desconstrução de uma leitura, de seus métodos repressivos[57].

Uma história das oscilações e transformações nas concepções sobre a "loucura" teria muito, obviamente, a nos ensinar sobre os deslocamentos impostos entre as diferenças e desigualdades. De resto, à parte os loucos tipificados pelas experiências e práticas médicas, é fato que a loucura – ou o direito de designar ou classificar alguém como "louco" – tem sido também, em todos os tempos, uma rede

---

sobre o louco, com todo um novo aparato médico, legal e tecnológico. Assim, do século XVII ao princípio do século XIX, era ainda a família que excluía os loucos, no sentido de que a prerrogativa de mandar internar como louco pertencia aos familiares. No decurso do século XIX, contudo, esta prerrogativa passará a ser exclusivamente dos médicos. Eis aí a imposição definitiva de um campo de saber contra os destinos de uma antiga diferença.

56 Entre outros, o Movimento da Antipsiquiatria foi liderado por Ronald Laing, David Cooper, Esterson, apenas para citar os antipsiquiatras ingleses envolvidos nas ações e difusões do movimento.

57 "Para esses rebeldes [os idealizadores da antipsiquiatria], a loucura não era absolutamente uma doença, mas uma *história*: a história de uma viagem, de uma passagem ou de uma situação, das quais a esquizofrenia era a forma mais aperfeiçoada, porque traduzia em uma resposta delirante o desconforto de uma alienação social ou familiar" (ROUDINESCO, 1994, p. 2).

para captar todas as diferenças indesejáveis, para tentar domesticá-las, encarcerá-las, coibir sua expressão. "Loucos" têm sido também os que afirmam intensamente uma diferença individual por demais afastada dos ditos padrões de normalidade. "Loucos" têm sido os que se apartam do rebanho, os que não professam a religiosidade ou a ciência local, os que recusam os modelos disponíveis e se tornam recriadores de si mesmos, os inovadores, por vezes os gênios. Loucos, como aliás os bruxos, têm sido também os que incomodam, ou por vezes nada disto, mas apenas aqueles a quem é mais cômodo aprisionar em uma classificação que impinge desconfiança, que gera tutela, reclusão ou condenação. Não são raros os casos de loucos e bruxos que tiveram seus bens ou rendimentos sequestrados pela comunidade ou pela família, no zelo pela normalidade[58]. A loucura, neste momento, torna-se diferença para captar diferenças individuais. Ela é o espelho do estranhamento, o avesso de uma normalidade que se quer impingir para o bom funcionamento de determinado sistema.

13 Diferenças ou desigualdades de aprendizado?

As distorções produzidas pelos deslocamentos de certas leituras sociais entre os planos da diferença e desigualdade, conforme pudemos verificar até aqui, constituem seguramente alguns dos problemas mais graves da Modernidade. A opressão pode estar oculta tanto na leitura da diferença como desigualdade, como na leitura da desigualdade como diferença. Suponhamos que uma pesquisa identificou uma presença maior de "dificuldades de aprendizado" entre crianças pertencentes a determinado grupo social – um grupo associado a determinada etnia ou nacionalidade, por exemplo. Ler

---

58 Para sequestrar bens, também se produz o louco. O indivíduo que tudo teria para ser considerado normal, mas que por alguma intriga ou motivo escuso é declarado louco, passa a ser submetido a tratamentos clínicos que deformarão seus comportamentos, suas potencialidades de uso do corpo e da mente. Acusar alguém de ser louco, e impor-lhe a internação, pode constituir estratégias para se apoderar de seus bens e posições sociais.

estas "dificuldades de aprendizado" como uma questão de diferenças ou de desigualdades pode contribuir para imobilizar ou resolver o problema, conforme seja.

Se alguém se apropria dos dados de uma pesquisa como essa, e passa a insistir em dizer que determinadas "raças" ou etnias possuem características genéticas que predispõem os indivíduos a elas pertencentes a dificuldades naturais de aprendizagem ou a impossibilidades relacionadas ao exercício de certas atividades que requeiram maior uso da inteligência, estará no fundo sugerindo a imobilização do problema identificado. As diferenças genéticas, afinal de contas, não podem ser corrigidas. Mas se me utilizo dos mesmos dados em sintonia com a hipótese de que há um problema de desigualdade afetando os grupos sociais cujas crianças investigadas apresentaram dificuldades, tudo se transforma radicalmente.

As dificuldades de acesso a ambientes propícios a uma plena instrução e ao assentamento em moradias adequadas, a deficiência alimentar e hospitalar, as condições críticas de higiene ambiental, o menor acesso a bens e serviços públicos – enfim, condições diversas pertinentes ao âmbito das desigualdades – podem estar na raiz dos problemas identificados. A tendência a uma maior "dificuldade de aprendizado" no interior de um grupo específico, neste caso, passa a ser lida como uma questão de desigualdades, e não de diferenças. As desigualdades, ao contrário das diferenças genéticas, podem e devem ser corrigidas através de ações sociais específicas. Entender um determinado fenômeno social como pertencendo ao âmbito das diferenças ou das desigualdades, portanto, é uma questão crucial.

14 Seleção social da diferença

Ainda que existam diferenças francamente percebidas como naturais, é muito importante se ter em vista que em diversas situações a própria seleção social daquilo que será destacado como diferença relevante é também um produto histórico, mesmo no que se refere aos chamados aspectos naturais. Tirando as diferenças sexuais e etárias, que em primeiro plano parecem se impor naturalmente, existem dezenas de especificidades biológicas que não são percebidas ou valoradas socialmente, e outras que podem sê-lo. Porque as diferenças de pigmentação da pele são selecionadas socialmente como diferenças, inclusive motivando preconceitos e formação de identidades, e não as diferenças de tipos sanguíneos, por exemplo?[59] Na sua enorme diversidade dentro da espécie humana, todos os homens apresentam inúmeras diferenças de uns em relação aos outros, e inúmeras possibilidades de agrupamentos. Estas infindáveis distinções, como já se deu a perceber, podem ser de ordem natural ou cultural. Mas nem todas as diferenças naturais e culturais são selecionadas como diferenças sociais. Vale dizer, muitas vezes elas permanecem apenas como distinções que não chegam a gerar a formação de agrupamentos, estratificações, processos de discriminação, processos de afirmação de identidade social, e assim por diante.

Algumas diferenças podem produzir discriminações ao nível dos micropoderes, embora não produzam grandes discriminações sociais. Determinados indivíduos podem discriminar os gordos, os feios, os baixos, e assim por diante. Contudo, embora sejam muito fortes o movimento negro ou o movimento feminista – que se insurgiram modernamente contra as discriminações raciais ou contra as desigualdades sexuais – não existe, por exemplo, um "movimento gordo". Grosso modo, só verificamos a emergência de grandes movimentos sociais quando a discriminação em relação a um certo aspecto atinge uma determinada ênfase social, começa a afetar

---

59 Poderíamos imaginar aqui uma *distopia*. Uma sociedade poderia escolher discriminar os seus membros através dos tipos sanguíneos, concedendo uma espécie de nobreza aos portadores do sangue "B", uma meia nobreza aos portadores do sangue "AB" e reservar o tipo sanguíneo "A" para a população que seria classificada como plebeia. O sangue "O" poderia ser relegado a uma casta depreciada, como a dos "intocáveis" no hinduísmo. Um tal sistema pareceria a todos absurdo, e é de se estranhar que nem sempre seja visto como absurdo um sistema que discrimina a partir de um dado como a cor da pele.

uma parcela muito significativa da população, ou então passa a se constituir em aspecto questionável de um sistema jurídico ligado a uma sociedade que divulga o imaginário da igualdade, como as democracias modernas.

De qualquer maneira, eis aqui um problema importante que estimula um diálogo inevitável entre as ciências naturais e as ciências humanas. Algumas das milhares de diferenças que podem surgir entre os indivíduos provêm do âmbito da natureza, mas a percepção e a seleção de algumas destas diferenças naturais para que se transformem em critérios que afetarão significativamente a vida social dos indivíduos e dos grupos populacionais... isto é inteiramente pertencente ao âmbito da cultura.

O aspecto mais polêmico continua sendo o da "raça". Conforme os cientistas que têm recuperado a história biológica da humanidade através do Projeto Genoma, fica cada vez mais evidenciado que a raça é um conceito meramente circunstancial. Sempre existiram tendências e tentativas de dividir a humanidade em grupos de raças – em 3 raças, em 5, em 30, ou até mesmo milhares de microrraças[60]. Mas estas divisões nunca deixaram de constituir-se de arbitrariedades, por mais que a sua percepção tenha se entranhado nos homens em sociedade, e dado margem a que passassem a ser vivenciadas intensamente nas suas relações sociais.

Será oportuno finalizar esta parte lembrando que, ao lado de uma "seleção social da diferença", ocorre sempre e necessariamente uma "construção social da diferença" por dentro mesmo de cada diferença selecionada ou construída a partir de dados da natureza ou da cultura. Mesmo quando se aceita ou se reconhece uma diferença, há ainda uma derradeira questão de construção social que reside no modo e nos detalhes de acordo com os quais cada diferente será construído e, sobretudo, posto em relação com os outros diferentes

---

60 Olsen, 2001, p. 48.

de uma mesma rede. Podemos estender para os circuitos de diferenças de "raça", "nacionalidade", "identidades etárias" ou outros as considerações de Bourdieu relativas à construção social dos sexos:

> a definição social dos órgãos sexuais, longe de ser um simples registro de propriedades naturais, diretamente expostas à percepção, é produto de uma construção efetuada à custa de uma série de escolhas orientadas, ou melhor, através da acentuação de certas diferenças, ou do obscurecimento de certas semelhanças[61].

Diversos regimes sociais de discriminação étnica ou racial, por exemplo, amparam-se no esquecimento de uma humanidade comum e na acentuação destas ou daquelas singularidades que se deseja colocar em evidência, quando não na invenção de outras que de fato não existem (p. ex., o caso de escritos portugueses ou brasileiros do século XVIII e XIX que se ocuparam em indicar a indolência ou a preguiça como característica natural de povos indígenas). Aquele que se ocupa de discriminar o idoso para o mercado de trabalho irá insistir na diminuição do vigor físico e esquecer aspectos positivos como a importância da experiência para o exercício dessa ou daquelas tarefas, ou mesmo inventar singularidades inteiramente artificiais para compor a sua imagem depreciativa do trabalhador idoso, como a de que com o avançar da idade um indivíduo se mostra menos aberto às mudanças e novidades. A construção social da diferença, no interesse de poderes dominantes vários, dá-se também por dentro da diferença socialmente selecionada ou construída.

15 Indiferença

Quando esquematizamos acima as relações entre igualdade, diferença e desigualdade, havíamos ressaltado que era ainda um esquema incompleto. Ele pode ser espelhado, para se tornar um qua-

---

61 Bourdieu, 2005, p. 23.

drado semiótico perfeito[62], se acrescentarmos uma nova noção: a de indiferença (por oposição contraditória em relação a diferença). A indiferença, ou indiferenciação, corresponde a ignorar, rediscutir ou desprezar as diferenças. Completo, o quadrado semiótico das igualdades e diferenças ficaria assim:

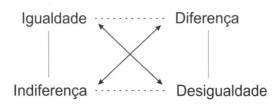

(Quadrado semiótico da igualdade)

O quadrado semiótico completo com o vértice da indiferença permite enxergar a questão da desigualdade e diferença sob outros ângulos. Propositadamente, conservamos as ambiguidades da palavra indiferença para não depurá-la de suas riquezas internas e permitir que o esquema proposto se aplique funcionalmente a um número maior de casos. Por um lado, a noção de indiferença pode ser empregada com o sentido de indiferenciação, de desconstrução da diferença que oprime, de eliminação das discriminações com vistas a restabelecer a igualdade[63]. Da mesma forma, poderemos ter a

---

[62] A operacionalização de "quadrados semióticos" para a compreensão do discurso é uma das bases da Teoria Semiótica, proposta por Greimas e Courtés. Referências fundamentais pertinentes a esta abordagem poderão ser encontradas em obras básicas destes dois autores: De GREIMAS. *Semântica estrutural* (1973); *Sobre o sentido: ensaios semióticos* (1975).
• De COURTÉS. *Introdução à semiótica narrativa e discursiva* (1979). Cf. tb. Greimas e Landowski, 1986.

[63] Para a questão do escravismo no Brasil pré-republicano, desconstruir a diferença "escravo", de modo a trazer a discussão da escravidão de volta ao plano das desigualdades, foi a estratégia dos abolicionistas nas últimas décadas do Brasil Império. De maneira análoga, os críticos do Antigo Regime na França revolucionária precisaram desconstruir, através da indiferenciação, a ideia de "nobreza", de modo a reavaliá-la como desigualdade, e não como diferença.

indiferenciação como estratégia de dominação, de desconstrução de padrões de identidade indesejáveis para depois subjugar e até escravizar[64]. Nesse e em outros casos, a ideia de indiferença pode ser utilizada em sentido negativo: o de ignorar ou desconsiderar diferenças significativas e relevantes, de ser "indiferente a algo" (por alienação ou por menosprezo).

16 Políticas de afirmação: desconstruindo a indiferença

É interessante observar que a indiferença, particularmente com este último sentido, também pode produzir injustiças sociais de outros tipos. Consideremos, por exemplo, que uma determinada parcela de qualquer população é habitualmente constituída de deficientes físicos de diversos tipos. A indiferença em relação a estes deficientes reintroduz o problema da desigualdade, mas de uma outra forma. Se não existissem, por exemplo, as plataformas especiais para os deficientes motores que não podem subir ou descer escadas, eles estariam impedidos de chegar a certos locais, e, portanto, estariam sofrendo uma desigualdade em relação ao critério da mobilidade física. Da mesma forma, se alguns programas de televisão não apresentassem em uma tela à parte a imagem de alguém comunicando o discurso da tela principal sob a forma de linguagem gestual de sinais, a parcela de deficientes auditivos seria privada do acesso às informações.

Estes exemplos mostram que, em muitas situações, não considerar as diferenças – isto é, agir com indiferença – pode implicar reintroduzir o problema da desigualdade social em um outro nível. Outro exemplo é o das carteiras escolares que possuem em um dos lados uma tábua para apoiar cadernos. Elas preveem habitualmente

---

64 Este foi o caso do processo de implantação do tráfico negreiro: da desconsideração das etnias africanas (diferenças tribais), através de um processo de *indiferenciação*, passou-se à *equalização* de todos os africanos escravizados em uma nova categoria, a do "negro".

os alunos destros, que constituem a maior parte da população; mas muito frequentemente existe pelo menos uma carteira canhota para cada vinte destras. Naturalmente que, se não existisse um certo número de carteiras escolares para os alunos canhotos, eles teriam de enfrentar dificuldades adicionais ou grandes incômodos para escrever. Neste caso, estariam sofrendo uma desigualdade relativa ao acesso às possibilidades de executar atividades relacionadas à escrita.

A indiscriminação, conforme veremos oportunamente, envolve também a possibilidade de tratar igualmente seres desiguais, em detrimento das classes menos favorecidas socialmente. Neste sentido, uma questão ainda mais delicada relacionada aos problemas que envolvem a indiferença ou a manipulação da indiferença, e as resistências a estas, refere-se às chamadas "políticas de ação afirmativa", mais recentes na história da luta contra o racismo e outras formas de discriminação. O que são as "políticas de afirmação" – a exemplo dos "sistemas de cotas" que reservam vagas na educação superior para setores discriminados – senão uma forma de resistência contra a "indiscriminação", aqui tomada no sentido de desconsideração das diferenças e desigualdades efetivas com vistas ao estabelecimento de uma desigualdade com aparência de igualdade?

Tal como esclarece Kabengele Munanga (2003), as "políticas de afirmação" visam precisamente "oferecer aos grupos discriminados e excluídos um tratamento diferenciado para compensar as desvantagens devidas à sua situação de vítimas do racismo e de outras formas de discriminação; daí as terminologias de *equal oportunity policies*", "ação afirmativa", "ação positiva", "discriminação positiva" ou "políticas compensatórias"[65]. Parte-se do pressuposto de que, em certos casos, dar um tratamento aparentemente indiferenciado a todos em

---

65 Munanga, 2003. Por outro lado, os opositores da filosofia embutida nas políticas de ação afirmativa chamam-nas depreciativamente de "discriminações reversas". Tal argumento apoia-se no fato de que a "ação afirmativa" busca estabelecer uma discriminação com vistas a combater uma discriminação anterior, que está favorecendo uma desigualdade no presente.

relação a aspectos como o acesso ao Ensino Superior ou ao mercado de trabalho implica, na verdade, favorecer certos grupos sociais em detrimento de outros – isto porque não se compreende aqui, ou não se quer compreender, que no universo de possibilidades de acesso ao Ensino Superior ou ao mercado de trabalho já existem na verdade desigualdades prévias a serem consideradas.

Em sociedades com menor distribuição de renda, e nas quais a desigualdade social esteja conectada com um ensino público e gratuito de baixa qualidade ao nível do ensino básico, seria uma balela dizer que, através de vestibulares em igualdade de condições para todos, o acesso ao Ensino Superior oferece-se em igual nível de facilidade ou dificuldade para todos. Um adolescente que não recebeu educação adequada em sua infância, ou por desigualdade econômica ou em decorrência de algum tipo de discriminação anterior, já entra em desigualdade de condições em relação ao adolescente rico e bem-situado socialmente que com ele concorrerá para a mesma vaga na universidade. Não adianta dizer que, naquelas 4 horas de elaboração de uma prova à época do exame vestibular, os dois estiveram sujeitos às mesmas condições físicas, psicológicas, e que as inscrições para o vestibular foram gratuitas. Um dos adolescentes recebeu menos assistência educacional durante seu período de formação básica, e não por culpa sua, mas simplesmente em decorrência de uma desigualdade econômica fundamental, e agora – em uma competição aparentemente igualadora – defrontam-se dois candidatos com passados bem diferenciados. Este é um exemplo da "indiferenciação" no sentido negativo: a indiferenciação que ignora diferenças ou desigualdades efetivas com vistas a confirmar uma situação de desigualdade, mas chamando-a hipocritamente de "igualdade de oportunidades".

Em países nos quais o racismo ultrapassa certos limites, como é o caso dos Estados Unidos da América, o acesso ao mercado de trabalho, ao ensino de qualidade ou à mídia coloca-se como um problema difícil de ser enfrentado por afrodescendentes, filhos e netos de migrantes latinos, e outras minorias. Por isso surgiram pioneiramente em alguns destes países políticas governamentais que buscam favorecer a inclusão de afrodescendentes, obrigando os empregadores a planificar suas medidas de contratação, as universidades a implantarem regimes de cotas, e as mídias a reservarem em seus programas uma certa porcentagem de participação às minorias[66].

O debate em torno das "políticas de afirmação" é polêmico, e não há intenção aqui de elaborar uma solução menos ou mais favorável a um ou outro dos lados envolvidos nas discussões sobre os "regimes de cotas", "reservas de mercado para minorias", ou outras. Este debate é complexo, e tem seus fóruns apropriados, ao mesmo tempo em que as ações e tentativas de implantar "políticas de afirmação" têm desenhado nos tempos recentes uma história de avanços e recuos. Apenas introduzimos aqui o debate de modo a ilustrar a posição da indiferenciação no quadrado semiótico da igualdade e diferença. As "políticas de afirmação" correspondem, nesta formulação teórica, a enfrentar afirmativamente a prática da indiferenciação (desconsideração de diferenças e desigualdades anteriores), resultando que desta prática – e é a isto precisamente que as políticas de afirmação buscam combater – não se esconda, sob a capa da igualdade, a desigualdade, tal como o lobo em pele de cordeiro[67]. Com relação à sua posição perante o problema da igualdade, a "ação afirmativa" busca substituir

---

66 Munanga, 2003, p. 1.

67 Para Hasenbalg, a aplicação de ações afirmativas visaria à igualdade no plano dos direitos entre grupos, e corresponderia a tratamentos preferenciais concedidos a indivíduos pertencentes a certos grupos (de raça ou gênero) precisamente para compensar a discriminação no passado – esta mesma instituidora de desigualdades no presente (HASENBALG & SILVA, 1990). Cf. tb., sobre as ações afirmativas, o ensaio de A.S. Guimarães sobre "A desigualdade que anula a desigualdade: notas sobre a ação afirmativa no Brasil" (1999): "a antiga noção de ação afirmativa teria, até os dias de hoje, inspirado decisões de cortes americanas, conservando o sentido de reparação por uma injustiça passada. A ação afirmativa moderna se refere a um programa de políticas públicas ordenado pelo Executivo ou pelo Legislativo, ou implementado por empresas privadas, para garantir a ascensão de minorias étnicas, raciais e sexuais" (GUIMARÃES, 1999, p. 154).

a "igualdade de oportunidades" por uma "igualdade de resultados". Veremos a seguir que este debate – em torno das possibilidades de corrigir a desigualdade com a própria desigualdade – ainda que tenha se intensificado em tempos recentes diante de questões sociais típicas da Modernidade, é na verdade bastante antigo.

17 Igualdade aritmética e igualdades geométricas

A questão da indiferença (ou da necessidade de neutralizá-la considerando as diferenças) tem sido enfrentada à esquerda e à direita, e vem de longa data na história do pensamento político. Em suas sistemáticas considerações sobre a desigualdade, Aristóteles já registrava a possibilidade de considerar um modelo mais simplificado de igualdade aritmética e alguns modelos mais complexos de igualdade geométrica – esta última envolvendo considerações relacionadas à proporcionalidade. A igualdade aritmética seria precisamente a forma de igualdade associada à indiferença (ou indiferenciação), uma vez que corresponderia a uma distribuição rigorosa de bens ou direitos por todos os componentes de uma sociedade [...] independentemente da consideração de suas singularidades. Em *Política*, Aristóteles refere-se a este padrão de igualdade como "aquele em que todos são igual e identicamente tratados no número e volume de todas as coisas recebidas"[68].

Já a igualdade geométrica, que Aristóteles considerava preferível, corresponderia a "tratar igualmente os iguais e desigualmente os desiguais nas proporções de suas desigualdades". Aristóteles utilizava aqui, de maneira um pouco misturada, os conceitos de diferença e desigualdade. Sua proposta era, no fundo, que houvesse um tratamento desigual para determinadas diferenças relativas a capacidades ou necessidades, mas é claro que a máxima também poderia ser aplicada para justificar uma organização aristocrática do poder, ou ainda a ti-

---

68 ARISTÓTELES. *Política*, 130, b.

mocracia, que era a forma política preferida do filósofo grego e a que correspondia a uma espécie de meritocracia[69].

Usos elitistas do padrão "igualdade com proporcionalidade" também podem encontrar acolhida no sistema classificatório aristotélico. Em *Ética a Nicômaco*, o filósofo grego ressalta que, se por um lado seria igualitário o modelo que prevê "partes iguais de qualquer tipo especificado aos que forem iguais em alguma característica específica", por outro lado uma regra seria não igualitária "quando os iguais têm partes desiguais, e os não iguais partes iguais"[70]. Rigorosamente falando, isto permitiria sancionar também qualquer sistema discriminatório, acrescentando muito pouco à delimitação do conceito de igualdade. Afinal de contas, praticar a discriminação racial não deixa de ser a atribuição do mesmo tratamento aos da mesma cor, e praticar a desigualdade sexual também poderia ser visto como uma maneira de dispensar um tratamento igual a todos do mesmo sexo. Ou seja, a fórmula que prevê "partes iguais aos iguais" só resolve o problema da desigualdade no interior de um grupo, mas não avança na discussão da desigualdade entre os grupos, reciprocamente considerados.

Evitar a discriminação sem cair na indiferença é a proposta que orienta a fórmula que busca atribuir "partes iguais a um grupo relativamente grande de indivíduos". O sufrágio universal, que exclui apenas os menores e os dementes, corresponderia a um processo de escolha de governantes sensivelmente mais igualitário do que um sistema eleitoral que prive os indivíduos pertencentes a certa etnia, a determinado grupo social, ou as mulheres de seu direito de votar. Conforme se vê, o sufrágio universal considera e discrimina as diferenças relativas à infância e à demência, mas trata com igualdade

---

69 A timocracia estaria baseada na *timé* (honra), e nela o poder político seria exercido pelos cidadãos proprietários de algum patrimônio e que governariam para o bem comum. Na leitura aristotélica, este regime é considerado como um governo da maioria, mas regido por homens selecionados segundo a sua renda e capacidade. Sobre as formas de governo, cf. o ensaio de Bobbio, 1997.

70 *Aristóteles*, 1973, 1.131a.

as diferenças relacionadas às distinções étnicas ou sexuais. Trata-se obviamente de um sistema político com maior abrangência igualitária do que o das antigas democracias gregas que seguiam o modelo ateniense, uma vez que este excluía peremptoriamente as mulheres, e obviamente os escravos. Mas o modelo político ateniense seria pelo menos mais abrangente do que os modelos aristocráticos e oligárquicos de algumas das outras *polis* da Grécia antiga, e, sobretudo, do que o modelo da tirania, que era o que mereceu as mais duras críticas do próprio Aristóteles.

Será oportuno retomar aqui o problema aristotélico da igualdade proporcional. Se a eleição da diferença como orientadora dos direitos políticos pode abrir (ou não) espaços para elitizações, a indiferença pode ocasionar problemas ainda maiores. A própria reflexão aristotélica avançou também por estes caminhos, tornando-se ancestral das modernas fórmulas que buscaram relativizar o problema da igualdade a partir de uma consideração mais consciente das diferenças. Consideraremos agora não mais o espaço político, mas o espaço econômico.

18 Fórmulas para enfrentar a desigualdade econômica

Se o século XVIII lançara em alguns espíritos e movimentos sociais a inquietação pela busca de uma igualdade política, os dois séculos seguintes lançariam as modernas inquietações diante da busca da igualdade econômica. Mas era necessário pensar o problema da igualdade econômica não mais no âmbito de pequenas unidades populacionais como as cidades-estado gregas. O mundo moderno era simultaneamente mais populoso e mais complexo, e precisava ser pensado em termos de grandes unidades nacionais, com um multidiversificado sistema de produção e consumo que se tornara possível a partir do desenvolvimento da sociedade industrial. Além disso, o desenvolvimento das ideias políticas e o surgimento de novos padrões de desigualdade trariam também a eclosão de novas propostas sociais: o comunismo, o anarquismo, a social-democracia. Entrava-se, definitivamente, num mundo múltiplo, complexo e diversificado.

Diante da necessidade de pensar como seria um sistema ideal de distribuição de riquezas, reapareceriam na época moderna as outras fórmulas de igualdade proporcional que já haviam sido previstas por Aristóteles. As mais conhecidas são aquelas que colocam como critérios de distribuição a necessidade ou a capacidade. "A cada um segundo a sua necessidade", por exemplo, era uma fórmula com a qual Karl Marx tendia a simpatizar nas suas formulações relacionadas ao modelo socialista. Essa fórmula corresponde à da "igualdade das relações", também examinada por Aristóteles[71].

Outros proporiam a fórmula "a cada um segundo a sua capacidade". Uma variação desta última seria a fórmula "a cada um segundo a sua produção", se considerarmos que a capacidade nem sempre gera uma produção efetiva. Este modelo aproxima-se da "igualdade proporcional ao mérito" de Aristóteles, segundo o qual cada um receberia de acordo com o seu próprio merecimento (ARISTÓTELES. *Política*)[72]. Em síntese, este modelo de igualdade prevê partes iguais a pessoas de igual merecimento, sendo o modelo mais justo aos olhos do filósofo grego.

À parte todos os desvios possíveis, inegavelmente os modelos geométricos de igualdade procuram discutir em um plano de maior complexidade aquele problema da indiferenciação que afeta o padrão mais simplificado da igualdade aritmética. Consideremos, por exemplo, que, em uma determinada população, um certo número de indivíduos necessitasse de certo medicamento que fosse consideravelmente caro. Distribuir igualmente os salários poderia

---

71 Aristóteles, 1985, 1.301b.

72 Ibid., 1.301a.

reintroduzir a questão da desigualdade relativamente a estes indivíduos, que para permanecerem vivos necessitariam fazer despesas muito mais elevadas que os outros. Neste caso, um sistema que agisse com indiferença ou indiferenciação relativamente a estes indivíduos estaria produzindo desigualdade em algum nível. Uma solução, que não a da igualdade proporcional à necessidade, seria a de providenciar a distribuição gratuita de medicamentos para os indivíduos que deles necessitassem.

19 Algumas conclusões

O problema da desigualdade no mundo moderno está longe da luz ao final do túnel, e envolve diversos outros aspectos que não puderam ser discutidos nos limites deste ensaio, como por exemplo as desigualdades em nível das unidades nacionais. O combate à desigualdade, pode-se depreender de alguns dos desenvolvimentos deste ensaio, deve partir antes de mais nada de uma compreensão muito clara e precisa do que é propriamente a desigualdade – no sentido filosófico, sociológico, antropológico, histórico... humano – assim como da compreensão sobre aquilo que distingue desigualdade e diferença. Em seguida, um estudo mais sistemático das relações e possíveis interações entre desigualdade e diferença nos vários meios sociais e tempos históricos – e em âmbitos tão diversos como a sexualidade, a nacionalidade, a etnia, a religião, a educação – pode permitir que se compreenda melhor como os sistemas de dominação, os mais sutis ou os mais explicitamente cruéis, valem-se frequentemente de deslocamentos diversos entre os âmbitos da desigualdade e diferença, forçando a leitura de um como se fosse o outro, de modo a melhor exercer a dominação. As relações entre desigualdades e diferenças emergem aqui como um verdadeiro campo de estudos, clamando por conceitos e metodologias próprias.

A historicidade mostra-se certamente fundamental para este tipo de estudo. Tanto as desigualdades como as diferenças são históricas, sociais, culturais, mesmo quando, no caso das diferenças, revestem-se de uma certa aparência natural no seu núcleo de formação. O sexo ou a cor, quando evocados como dados integralmente oferecidos pela própria natureza, encobrem aquilo que há de histórico e cultural não apenas na construção social do gênero, mas do próprio sexo; não apenas na construção social da etnia ou da raça, mas da própria cor.

Compreender a historicidade de uma diferença, de seus modos de percepção, de seus processos de transformação, de sua própria instituição como diferença, é assumir o poder de transformá-la, de decidir pela sua permanência transformada ou pela sua superação, de propor novas divisões no interior de um mesmo critério de diferenças. As diferenças – em que pese pertençam ao âmbito das "essências" ou das "modalidades de ser" (por oposição ao âmbito das circunstâncias que afetam habitualmente as desigualdades de diversos tipos) – são de todos os modos "essências" social e historicamente construídas, na verdade "essências em construção". Compreender isso é chamar a si a possibilidade de participar desta construção em favor de um mundo com menos desigualdades, com maior liberdade de escolhas, com maior riqueza de alternativas e possibilidades, com maior consciência da complexidade humana.

Como se afirmarão as diferenças pertinentes ao mundo humano neste novo milênio que mal acaba de se anunciar? Que diferenças queremos legar para o futuro – quais delas interessa-nos conservar e quais delas interessa-nos diluir, desintegrar, deslocar do plano das relações sociais para o plano das relações interindividuais? Que diferenças gostaríamos de vivenciar no futuro como aspectos centrais e definidores da vida social, e de que diferenças cultivadas em sociedades historicamente localizadas precisaremos sempre nos lembrar para que não se repita o mesmo jogo de desigualdades impostas às diferenças ao qual assistimos tantas vezes na história das sociedades humanas? Como lidar, enfim, com a indiferença, com o esquecimento daquilo que é irredutivelmente singular e humano?

Segundo ensaio

Igualdade: trajetórias de uma noção no imaginário político

1 Igualdade no âmbito religioso

Tal como já muito se disse, igualdade é uma das noções mais ambíguas e complexas da história do pensamento humano. Esta complexidade tem também uma história. De algum modo, todas as sociedades, por mais despóticas ou tirânicas que tenham sido os seus governos, sempre precisaram discutir o problema da igualdade em algum nível. No mínimo, atribuíram um certo espaço social à igualdade, mesmo que adstrito a um número relativamente (ou até extremamente) reduzido de indivíduos.

A ideia mais ampla de que "todos os homens são iguais" também é antiga, mas pode-se dizer que durante muito tempo limitou-se em seu espaço de aplicação às crenças religiosas. O cristianismo, por exemplo, erigiu-se imaginariamente em torno da ideia de que todos os homens seriam iguais perante Deus. O que não impediu, naturalmente, que a Igreja enquanto instituição tenha se estruturado em torno de hierarquias e diferenças, e que tenha sido instrumento para a implantação e perpetuação da desigualdade social em diversos momentos no decurso de sua história. Mas a ideia mestra de que todos os homens são iguais perante Deus estava lançada, com todas as suas extensões e limites implícitos (insistir em dizer que todos os homens são iguais perante o Criador é reconhecer que eles não o são nas várias instâncias da vida). O cristianismo afirma uma igualdade imaginária dos homens perante o mundo divino e reconhece diferenças e desigualdades na concretude do mundo humano.

O forte caráter hierárquico da Igreja contrasta e tensiona-se precisamente contra esta tênue dimensão igualitária presente na religiosidade cristã, que desde os primórdios afirmava enfaticamente a igualdade fundamental entre todos os homens (mesmo que, em geral, deslocando esta igualdade para a outra vida). Ainda assim, a ideia de praticar a igualdade no próprio mundo sempre foi uma segunda natureza do cristianismo – e já as primeiras práticas associadas à religiosidade cristã haviam sido geradas ao amparo de um sincero ideal igualitarista que aparece com as primeiras experiências de comunhão de bens do cristianismo primitivo. Mas essa fase terá vida curta, e a história de sua superação e distanciamento acompanha a extraordinária trajetória de adaptação do cristianismo ao mundo político: de seita exótica e mesmo perseguida até o *status* de seita tolerada, daí à confortável posição de nova religião oficial em fins do Império Romano, e depois à posição dominante de braço direito do Estado e mesmo de poder atemporal acima de um mundo fragmentado em novas unidades estatais. Esta história tem muitos avanços e recuos, embora o complexo e tortuoso romance entre a Igreja e o mundo político não vá ser tratado diretamente aqui.

Outra tensão inerente ao âmbito cristão é a contraposição entre a noção de igualdade de todos os homens e a ideia – aliás, herdada do judaísmo e de muitas outras religiões – de que a salvação não é para todos. Da noção judaica de "povo eleito" – que se destaca dos demais povos face ao favorecimento divino – conduzimo-nos à ideia mais propriamente cristã de que não existe um povo eleito, mas que em todo o caso haveria os escolhidos de Deus para o paraíso. Proibir o paraíso ou exigir o paraíso para todos também serão, como veremos oportunamente, temas de movimentos sociais ligados ao cristianismo radical.

Existem ainda os anseios igualitários que partem dos próprios membros da hierarquia eclesiástica. Desde o século XIII, as ordens mendicantes conseguem impor um novo padrão: o do clérigo que vai ao povo, que divide com ele a sua pobreza e que, até mesmo, torna-se voluntariamente mais pobre do que ele. O nome que se destaca mais espontaneamente neste campo é o de São Francisco de Assis, instaurador de um novo padrão de religiosidade que a partir daí se desenvolve paralelamente às tradicionais formas cristãs de religiosidade. Por fim, à parte estas realizações mais pacifistas e empreendidas com grande espírito de autossacrifício, o final da Idade Média também assiste ao surgimento dos clérigos que se tornam líderes de grandes movimentos comunitários de reivindicação social. A princípio são poucos, mas estes movimentos já podem ser vistos sobretudo em meados do século XIV – um século de peste e de crise no qual o homem europeu é confrontado drasticamente com seus medos e esperanças.

Esses movimentos – que estão a um passo das modernas lutas pela igualdade – começam a surgir quase sempre à sombra de grandes líderes religiosos tendentes a padrões heréticos que prenunciavam a reforma luterana. Muito habitualmente são beneficiados pela ocorrência de um triângulo de condições que tem como vértices o milenarismo, a fome, e a resistência à opressão[73]. John Wycliffe (1324-1384) insurgira-se contra a opressão dos tributos cobrados pela Igreja, fortalecera-se com o apoio de um exército de famintos, e já vinha questionando teologicamente a Igreja. Para além disto, introduzira na sua bandeira as cores nacionalistas, em uma época

---

73 Ao lado destes movimentos mais amplos amparados por uma perspectiva religiosa, um número significativo de rebeliões camponesas começa a ocorrer após a Peste Negra (1348), pois com a mortandade de cerca de 1/3 da população europeia, que desorganiza sensivelmente a produção feudal, os senhores são impulsionados a superexplorar os camponeses gerando as inevitáveis resistências.

que já começara a assistir à formação das nações centralizadas de acordo com uma perspectiva moderna. Na sua esteira, seu seguidor John Ball (m. 1381) dotaria este movimento de um caráter social de luta contra a nobreza e termina por comandar em 1383 uma revolta camponesa, logo reprimida com extrema severidade. Estes movimentos, e também o de John Huss (1370-1415), encontram-se na costura de duas épocas distintas – são movimentos que por um lado ainda estão sintonizados com o padrão identitário medieval e com a noção das igualdades corporativas, e ao mesmo tempo já são timidamente iluminados pelas primeiras luzes do pensamento renascentista, prenunciador de uma inédita noção de igualdade fundada no individualismo moderno.

2 Igualdade no mundo laico: primórdios da matriz liberal

Na história moderna, é com as sociedades europeias e americanas que emergem da derrocada política do chamado Antigo Regime que a ideia de "igualdade comum a todos os homens" consegue transpor definitivamente o espaço religioso para conquistar o universo político e o espaço jurídico. Inicialmente, o que mais nos interessa é chamar atenção para o fato de que o deslocamento da noção de igualdade no interior dos âmbitos do pensamento político, jurídico e social não se fez em uma única direção. Trata-se de um deslocamento que tem comportado variadas trajetórias internas, e tem produzido no decurso de sua história diversificados modelos de pensamento sobre a igualdade. Alguns autores foram aqui escolhidos para revelar um contraste possível entre as diferentes leituras da desigualdade que afloraram no mundo moderno, tais como Thomas Hobbes, John Locke, Jean-Jacques Rousseau e outros. Certamente que vários outros filósofos e cientistas sociais desenvolveram a seu tempo importantíssimas discussões sobre a noção de igualdade no decurso da história das ideias. Podemos lembrar Kant, Proudhon, Marx, Stuart Mill e John Rawls, entre muitos que poderiam ser citados. Os autores escolhidos, de todo modo, fornecem bons indicadores para os possíveis contrastes que podem permear as reflexões sobre a igualdade e desigualdade humana, e são por isso úteis para examinar as oscilações do contexto.

As leituras sociais e políticas sobre uma possível igualdade humana, em que pese a sua diversidade, podem ser contrapostas de maneira decisiva às leituras religiosas. Nos discursos que emergem das contribuições filosóficas e intelectuais dos séculos XVII e XVIII, o grande fator de equalização dos indivíduos humanos – e, portanto, de desconstrução da desigualdade e diferença – já não será mais a pequenez ou insignificância dos homens diante de Deus, mas sim a *racionalidade* comum a todos, a qual permitiria separar os homens dos animais e falar em "direitos humanos". É sobretudo no século XVIII, com os iluministas europeus, que essa ideia começa a se desdobrar sob a forma de exigência de direitos iguais perante a lei e de direitos iguais de participação política para todos os homens. O imaginário da igualdade, por assim dizer, começa a se expandir: do espaço religioso ao espaço político, e daí ao espaço jurídico.

Consideraremos a princípio dois exemplos basilares entre as filosofias pré-iluministas e iluministas: o de John Locke (1632-1704) e o de Jean-Jacques Rousseau (1712-1778). Estes dois autores são úteis para um contraste inicial porque partem, ambos, de uma imaginação inicial sobre a origem da desigualdade humana e da consequente necessidade da busca de uma possível igualdade social nos ambientes sociais e políticos produzidos pela vida dos seres humanos em coletividades dotadas de certa complexidade. Em oposição a Thomas Hobbes (1588-1679), teórico do poder absoluto que vaticinara que, no seu estado essencial, "o homem é o lobo do homem", Locke e Rousseau apoiam-se ambos na ideia de que no estado original de natureza os homens eram felizes e iguais[74]. Entrementes, a partir daí os dois autores evoluem para posições distintas que iriam se tornar matriciais para dois campos conceituais bem diferenciados.

John Locke (1632-1704) escreve seus *Tratados sobre o Direito Civil* na Inglaterra do final do século XVII. Sua vida se desenvolve em uma Inglaterra que havia conhecido, entre os anos 1642 e 1648, duas grandes guerras civis (1642-1646 e 1648). Nestes conflitos, o ambiente social inglês viu-se dividido diante de uma luta política que estabelecera a oposição entre setores sociais que apoiaram politicamente a realeza (a nobreza da província, também conhecida como *gentry*, a hierarquia da Igreja anglicana e os camponeses), e setores que apoiaram o Parlamento (classe média urbana, grandes mercadores, ao lado de certos setores da grande aristocracia). Fatores religiosos, envolvendo anglicanos, presbiterianos, católicos e independentes também adentram este confronto, não devendo ser esquecidos os inúmeros grupos de protestantismo radical, tão bem-estudados por Christopher Hills em seu livro *O mundo de ponta-cabeça* (1987). O estabelecimento do *Commonwealth* entre 1649 e 1660, após a decapitação do rei em 1649, constitui o acontecimento político central para o qual todos estes processos derivaram. Depois desse período, estabelece-se a restauração do poder monárquico com Carlos II, mas já matizado por um diálogo efetivo com as forças que haviam apoiado o Parlamento no período de conturbação política e de instituição do governo comandado por Cromwell. Novas tensões conduziriam aos acontecimentos que ficariam conhecidos como "Revolução Gloriosa" (1688). É neste conturbado ambiente político atravessado por duas grandes revoltas contra a realeza e suas tentativas de restauração, conduzindo a um acordo possível entre os diversos setores que detinham poderes políticos e econômicos, que John Locke irá desenvolver os seus ensaios filosóficos e políticos. Em 1671 ele escreverá a primeira

---

74 Hobbes, ao contrário, define este estado de natureza primordial como um "estado de guerra" assaltado pela insegurança e pela violência (HOBBES, 1974, p. 79).

versão do *Ensaio sobre o entendimento humano*. Em 1689, seria publicada a sua segunda versão. Em 1690, por fim, seriam publicados os dois *Tratados sobre o Direito Civil*.

Em relação à ideia de origem da dicotomia entre igualdade e desigualdade humanas, Locke parte da ideia de que os homens, no seu estado primordial, eram felizes e iguais[75]; no entanto, estes seres humanos organizados em sociedades precisaram ultrapassar o estado de natureza, uma vez que a vida em comum em uma sociedade mais complexa implicou a necessidade da introdução de um elemento de normatização e controle que corresponderia ao governo, ao poder legislativo e a uma série de instituições sociais[76]. Mas Locke não vê esta superação do Estado de Natureza com pessimismo ou com nostalgia (como Rousseau), e sim como uma necessidade. Para viver na sociedade civil, o homem teve de aprender a conviver e lidar com as desigualdades, mas ao mesmo tempo poderia e deveria empenhar-se em lutar contra as tiranias e em rejeitar os privilégios sociais adquiridos sem esforço (uma referência à nobreza ociosa do Antigo Regime). Para uma época que ainda respirava a densa atmosfera das monarquias absolutas, as proposições de Locke são bem progressistas. Se pudermos pedir licença ao uso de uma expressão um pouco anacrônica para esta época, poderemos entendê-las como a pedra angular do individualismo liberal, ou mesmo das futuras democracias liberais.

As ideias de Locke viriam a calhar para o tipo de capitalismo que àquela época começava a se consolidar (ou, antes, suas ideias são produtos deste mesmo capitalismo). É assim que, por um lado, o filósofo inglês atribui na sua teoria uma centralidade ao *trabalho* (em oposição aos privilégios hereditários da nobreza do Antigo Regime). Por outro lado a sua teoria política legitima um novo conceito de propriedade que interessava à burguesia em ascensão. A igualdade a ser assegurada

---

75 Locke, 1998, p. 382.

76 Ibid., p. 391-392.

aos homens em estado de sociedade deveria ser mediada tanto pelo trabalho como pela propriedade privada. Vejamos como isto se dá em articulação a outros conceitos importantes do pensamento de Locke.

Um dos elementos importantes desta teoria é a noção de direito natural, que para Locke corresponderia à ideia de que os homens teriam um direito primordial à vida, à liberdade e aos bens necessários para sua preservação[77]. Este pensamento ancorava-se na já mencionada ideia de que os homens eram irredutivelmente livres por natureza, mesmo que houvesse diferenças relativas à força, à habilidade ou à inteligência. Ao serem impulsionados à superação do estado de natureza, os homens tiveram de se articular socialmente por meio de um *pacto social*[78]. Esta passagem da vida natural para a vida social, contudo, não deveria implicar perda essencial da igualdade primordial entre os homens, no sentido em que Locke entendia essa igualdade. Afinal, já era um corolário antigo que qualquer contrato ou pacto só tem sentido e validade se as partes contratantes forem livres e iguais, e se estiverem firmando o contrato de forma voluntária. Qualquer coerção no momento da associação (uma tirania, p. ex.) invalida necessariamente a ideia de contrato.

A noção de contrato social já havia sido empregada por Hobbes (2002, p. 37). Mas este teórico do absolutismo a emprega para seus próprios fins. Ele enfatiza a ideia de que os homens – livres por natureza, mas depois reunidos em uma multidão de indivíduos que passa a constituir um "corpo político" – possuem o direito de transferir voluntariamente a liberdade a um terceiro: o soberano absoluto que a partir daí passa a ter legitimada a sua autoridade. Dessa forma, em Hobbes, a principal função do contrato social é legitimar a soberania de um poder acima de todos para que, dessa forma, estabeleça-se um controle sem o qual os homens (lobos de si mesmos) se aniquilariam recipro-

---

77 Ibid., p. 385-386.

78 Ibid., p. 468.

camente. Esse soberano criado artificialmente é o Estado – que pode ser tanto um monarca, uma oligarquia ou uma assembleia democrática. O fundamental é que este poder seja absoluto, no sentido de que seja exercido imperiosamente acima dos indivíduos; monopolizando, por exemplo, o controle da violência física por meio do exército e da polícia, a justiça por meio das instituições do direito público, ou ainda o direito de coletar impostos. É evidente que essa teoria cai como uma luva para a monarquia absoluta – a qual, em um mundo moderno, só com muita dificuldade poderia amparar-se nas tradicionais teorias de um direito divino transferido diretamente de Deus para um rei hereditário. A teoria de Hobbes (1647) permite amparar o poder da monarquia absolutista com um sistema que fala em uma combinação de direito natural e contrato, e não mais em uma combinação entre o direito divino e uma imposição vinda do alto. Mas o mesmo modelo poderia ser aplicado a uma estrutura republicana.

Se Hobbes utiliza essa argumentação para legitimar o poder absoluto, já em Locke, a principal função do pacto social é outra. Embora o Estado gerado pelo pacto social possua algumas atribuições que são similares às que lhe são atribuídas por Hobbes, a sua principal finalidade no sistema de Locke é na verdade a de assegurar o direito natural do homem à propriedade[79]. Locke desenvolve uma argumentação na qual se imiscui a benevolência de um Deus todo-poderoso que originalmente havia concedido ao homem o direito natural à propriedade como um produto legítimo do trabalho a que este seria obrigado[80]. A propriedade só é gerada, aliás, quando

---

79 Ibid., 1998, p. 495. "Propriedade" é utilizada por Locke não só para se referir aos bens de raiz, mas também aos bens móveis (LOCKE, 1978, p. 45).

80 Já Hobbes, contrastando com esta ideia, asseverava que a propriedade inexiste no estado de natureza e que havia sido instituída precisamente com a formação da Sociedade Civil (HOBBES, 1974, p. 81). Neste sentido, o governante poderia – se fosse necessário – confiscar propriedades individuais, o que em Locke não seria possível, já que a propriedade seria um direito natural concedido pela instância divina e que precederia o Estado e a própria existência do governante soberano. Por outro lado, é bastante curioso notar que Deus aparece na argumentação de Locke e não de Hobbes, embora seja muito comum o erro crasso de se pensar que Hobbes tem algo a ver com a Teoria do Direito Divino (na qual Deus teria esco-

o homem mistura a um objeto ou a um pedaço de terra o seu trabalho. Os primeiros homens teriam criado a propriedade quando realizaram um trabalho sobre a terra, tornando-a produtiva de uma perspectiva agrícola, ou quando transformaram a pedra bruta em um objeto. Estabelecida esta propriedade primordial – "natural" porque concedida e até imposta pelo Criador – agora cabia ao Estado gerado pelo pacto social esta função principal: a de assegurar aos proprietários mais este direito natural.

A argumentação de Locke sobre a mistura de trabalho e propriedade, esta sancionada pela vontade divina, legitima particularmente a burguesia – tanto por lhe assegurar o acesso e preservação da propriedade quanto por enaltecer o trabalho, em oposição a uma nobreza parasitária que ainda vivia de persistências dos privilégios feudais. Ao mesmo tempo, ao relacionar a igualdade humana com o direito à propriedade privada e com a obrigação de trabalhar para obtê-la, o sistema liberal de Locke acaba justificando também a desigualdade social que se expressa por meio da existência de pobres – uma vez que estes passam a ser vistos como trabalhadores incompetentes que não conseguem tornar-se proprietários.

De qualquer modo, o estabelecimento da propriedade como direito natural de cada indivíduo marca uma ruptura importante com o sistema de propriedade e governo implícito no Antigo Regime. A partir daqui passam a existir dois padrões legítimos de propriedade: de um lado, a propriedade simultaneamente individual e privada; de outro, a propriedade simultaneamente estatal e pública. Mas já não existe mais a ideia da propriedade como patrimônio pessoal de um monarca que seria senhor de todos os bens e riquezas do reino, e que por isso poderia dispor desses bens de acordo com a sua vontade absoluta.

---

lhido cada governante por sua obra e graça). Nada mais falso; quem sustentava na época a Teoria do Direito Divino era Robert Filmer (1588-1653).

Tal como se disse, as ideias de John Locke foram bastante progressistas para sua época – particularmente por desqualificarem qualquer governo imposto pela tradição ou pela força, e também por sustentarem que a legitimidade de um governo apoiava-se no consentimento expresso dos governados. Confirmando as revoluções burguesas que haviam se dado na Inglaterra seiscentista, e antecipando o clima revolucionário que brevemente agitaria a França setecentista, o seu *Segundo tratado sobre o governo civil* (1690) sustentou a legitimidade da deposição de governantes que não estejam cumprindo adequadamente as suas funções no Estado Liberal (p. ex., a proteção da propriedade privada). Historicamente localizada, esta obra de 1690 cumpriu o papel de legitimar a deposição de Jaime II pela Revolução Gloriosa (1688), com base na doutrina do "direito à resistência" contra governos tirânicos ou incompetentes. Enquanto isso, o *Primeiro tratado sobre o governo civil* já tinha se erigido como uma crítica severa e sistemática à obra *O patriarca*, de Robert Filmer (1680), que sustentava a Teoria do Direito Divino.

Podemos agora enfatizar mais especificamente a questão da igualdade no interior deste sistema. O sistema liberal de Locke propõe a todos a "igualdade em algo" – antes de mais nada no pretenso direito à aquisição de propriedade privada. Associado à democracia, pode-se acrescentar a isto o direito de todos à escolha de seus representantes junto ao governo. Mais modernamente, este item evoluiu para o pretenso direito de cada cidadão ser elegível. O discurso da "igualdade das oportunidades de trabalho" é também habitual, embora se saiba que em muitas ocasiões o capitalismo vive também da existência de uma margem de desempregados que contribuem tanto para valorizar o trabalho, enquanto uma conquista que nem todos logram obter, como para permitir o barateamento da mão de obra, já que o trabalhador das profissões menos privilegiadas é compelido a aceitar baixos salários por saber que pode ser eventualmente substituído por um desempregado. Outra igualdade apregoada pelo pensamento liberal, já desde Locke, refere-se à ideia de que todos devem possuir a mesma liberdade de pensamento, já que o Estado não deve intervir na consciência dos governados. Mas este aspecto também é falacioso, alguém poderia contra-argumentar, já que o modelo liberal aceita que seja exercida censura nos casos em que alguém emita opiniões que ponham em risco o próprio Estado.

Ao mesmo tempo, e este é outro ponto capital, a teoria liberal propõe que se respeite a liberdade econômica de todos os proprietários privados, permitindo que eles negociem livremente. Ao lado disso, sustenta-se um direito de livre-organização onde tanto os proprietários privados como os trabalhadores não proprietários teriam liberdade para criar as suas organizações de classe. Portanto, de acordo com esse sistema, todos são iguais no direito a agir economicamente – o que se adaptava bem ao padrão de capitalismo que se consolidava na Inglaterra da época de Locke.

Conforme se vê, o sistema liberal de Locke prevê em tese a igualdade de todos em relação aos aspectos acima citados, mas na prática beneficia mais especialmente os que conseguiram se tornar efetivamente proprietários individuais. Essa concepção de igualdade tornar-se-ia, na verdade, o limite da Revolução Francesa e de outras revoluções burguesas. A fronteira que essas revoluções tiveram por intransponíveis foi precisamente a da propriedade privada, e sempre as propostas mais igualitárias ou radicais foram refreadas a seu tempo nos processos revolucionários que seguiram o paradigma da Revolução Francesa. De qualquer modo, apesar da sua influência e assimilação pelas revoluções burguesas posteriores, o modelo liberal não foi, obviamente, o único sistema de igualdade que se expressou na Modernidade por meio de práticas concretas ou de formulações imaginárias. Será oportuno contrapô-lo ao modelo proposto por Rousseau, apenas algumas décadas depois de Locke.

3 Contraponto da igualdade radical: "a matriz Rousseau"

Jean-Jacques Rousseau (1712-1778), nascido em Genebra, escreve a parte mais importante de sua obra na França setecentista que precede de algumas décadas o período revolucionário. Um dos aspectos mais conhecidos de seu pensamento é a ideia de que a sociedade, competitiva e autoritária, havia transfigurado o homem natural – o "bom selvagem" que teria vivido primordialmente em um mundo caracterizado pela inocência original[81]. Situando-se como um crítico inconformado da sociedade, Rousseau é também precursor do pessimismo romântico do século XIX. Mas, ao mesmo tempo, tornou-se um modelo para alguns dos sistemas de pensamento que buscaram discutir a igualdade política. Rousseau é, do ponto de vista modelar, uma espécie de "paladino da igualdade".

O *Discurso sobre a origem e os fundamentos da desigualdade* (1755) constitui a obra que examina mais diretamente a questão, e posteriormente examinaremos aspectos relativos ao vocabulário desse texto. Interessa também um verbete do mesmo ano para a Enciclopédia Iluminista, o qual se intitulou *Discurso sobre a economia política* (1755). Neste último texto (2003, p. 20), Rousseau já se mostrava preocupado com as injustiças que resultariam da desigualdade social. Para minimizar essa desigualdade, ele propunha antes de mais nada a igualdade de direitos e deveres políticos. Para assegurar igualdade de instrução – aspecto a que poucos estiveram atentos na sua época – preconizava educação pública para todas as crianças (curiosamente, propunha para esta Educação um padrão de austeridade inspirado no antigo modelo espartano). Por fim, propunha em terceiro lugar a integração de um sistema econômico e financeiro que combinasse os recursos da propriedade pública com taxas sobre as heranças e o fausto. Aqui já aparece um padrão distinto do

---

81 Rousseau, 1973, p. 247-265.

que vimos em Locke, pois o Estado preconizado por Rousseau deve interferir mais no sentido de corrigir desigualdades geradas pelas atividades econômicas e por diferenças patrimoniais.

A questão da liberdade também era fundamental para Rousseau, e essa se lhe apresentava como um bem ou um valor irredutível que todos deveriam possuir; portanto, como algo mais que deveria ser considerado em seu sistema de igualdade. Encarava a liberdade como um direito e um dever ao mesmo tempo, e afirmava que, uma vez que todos nasciam homens e livres; a liberdade lhes pertencia – de modo que renunciar a ela corresponderia a renunciar à própria qualidade de homem. Vimos que, em contraste a isto, os súditos no sistema de Hobbes deveriam transferir sua liberdade ao Estado soberano. Em Rousseau, percebe-se que a articulação entre liberdade e igualdade é fundamental, de maneira que nos aproximamos mais do ideário emblemático da Revolução Francesa, ao qual seria acrescentada a noção de fraternidade.

Para um liberal inspirado na matriz lockeana, existe liberdade na medida em que se leve em consideração a desigualdade entre proprietários e não proprietários, sendo que a igualdade *stricto sensu* mataria a liberdade. De sua parte, para Rousseau o único fundamento da liberdade é a igualdade, de maneira que não há liberdade onde não existir igualdade. Percebe-se aqui uma primeira distinção entre a matriz igualitária de Locke e a matriz igualitária de Rousseau.

Se bem que difira em muitos aspectos de Locke e também de Hobbes, é também verdade que a obra mais conhecida de Rousseau – *O contrato social* (1762) – em alguns aspectos importantes não deixa de sintetizar ideias destes dois autores que, sem a catalisação proporcionada pela obra e estilo de Rousseau, tenderiam a ser tão incompatíveis como o Liberalismo em relação ao Absolutismo. Assim, ao considerar que todos os homens nascem livres e iguais, ideia que já vimos em Locke, Rousseau encara o Estado como objeto de um contrato social (à maneira de Hobbes), mas no qual os indivíduos não renunciam a seus direitos naturais. Ao contrário, os indivíduos entram aqui em acordo para a proteção desses direitos, os quais o Estado é criado precisamente para preservar. Nessa função, o Estado representaria a "Vontade geral"[82]. Se após o contrato social previsto por Hobbes quem governa é um soberano para o qual foram transferidos todos os poderes, já em Rousseau quem governa é o próprio povo, e o Estado é apenas o seu representante (esta ideia seria fundamental para as correntes igualitaristas que animariam a Revolução Francesa).

Ainda dentro deste âmbito existem outras questões importantes a considerar, e até mesmo algumas ambiguidades que se expressam no pensamento de Rousseau. John Locke e diversos iluministas, encarando a sociedade como um somatório ou uma convergência de indivíduos, haviam assumido que nas grandes questões deveria prevalecer como mais correta a opinião da maioria. Curiosamente, Rousseau questionou a aplicação para todas as ocasiões dessa postura – hoje tida por mais democrática – argumentando que os indivíduos que constituem a maioria podem, em muitos casos, desejar algo que seja contrário aos objetivos e necessidades do Estado para assegurar o bem comum. Ou seja, para Rousseau a vontade geral não deveria ser considerada mera soma dos indivíduos, mas sim como algo que os transcende. Napoleão Bonaparte, que durante a juventude fora um atento leitor de Rousseau, teria visto a si mesmo como um legítimo representante da vontade geral, mesmo nos momentos de maior autoritarismo.

É dentro desta linha de pensamento que Rousseau afirma que a vontade geral deve dotar o Estado de força para que ele possa atuar em favor da sociedade, mesmo quando isto signifique ir contra a vontade da maioria em alguma questão particular. Aqui, a bem da verdade, Rousseau oscila sutilmente na direção

---

82 Rousseau, 2003, p. 7.

de Hobbes. De igual modo, em certas passagens Rousseau deixa escapar proposições que facilmente poderiam ser associadas, nos dias de hoje, ao autoritarismo. Aparece, por exemplo, a proposição de punição de dissidentes com a morte, que foi mais tarde assumida na Revolução Francesa pelo terror. Por essas e outras de suas ideias, Rousseau seria tomado posteriormente como um modelo significativo para o igualitarismo jacobino, que se autolegitimou através de muitas ideias do filósofo suíço.

A frase rousseauniana mais modelar sobre a igualdade, registrada logo ao princípio de *Do contrato social*, dizia que "os homens nascem livres e iguais, mas em todo lugar estão acorrentados"[83]. Expressa-se aqui todo o inconformismo de Rousseau diante de uma sociedade que desviara os homens de sua liberdade e igualdade naturais. Esse inconformismo – só que se afastando das tonalidades nostálgicas e revestindo-se de real ímpeto revolucionário – logo agitaria a França da época de Luís XVI. Da mesma forma, outra contribuição importante a destacar é o fato de que Rousseau foi o primeiro teórico moderno da assembleia popular, afirmando a ideia de que a assembleia é o único órgão soberano e apontando o caminho para uma prática que seria crucial durante o período revolucionário. Nesse aspecto, Rousseau mostra-se mais uma vez como oposto a Hobbes, que no décimo capítulo do *De cives*[84] havia argumentado contra os inconvenientes da assembleia popular quando em confronto contra o poder único do rei, sugerindo que alguns dos principais defeitos no primeiro caso seriam a incompetência, o domínio da eloquência (facilmente factível de ser convertido em domínio da demagogia), e a formação de partidos que se tornam entraves à formação de uma vontade coletiva[85].

---

83 Rousseau, 1973, p. 28.

84 Hobbes, 2002, p. 382.

85 No sistema proposto por Rousseau, deixaria de existir a separação dos três poderes que Montesquieu tinha proposto no *Espírito das leis* (1748), e que já existia na Inglaterra anteriormente. A distinção entre os poderes legislativo (parlamento), executivo (governo) e o

A questão central, a qual permite contrastar mais claramente a matriz lockeana e a matriz igualitária de Rousseau, refere-se à posição que a propriedade encontra nestes dois sistemas. Para Locke, a propriedade era natural (sancionada por Deus), e a sua preservação era desejável. Para Rousseau, a instauração da propriedade privada teria constituído um ato violento e antinatural, e, uma vez que já havia sido instituída, o melhor que os homens poderiam fazer era lidar com ela de um modo que não gerasse demasiada desigualdade social. Sua descrição da instauração da propriedade é particularmente romântica:

> o primeiro homem que, ao cercar um terreno, afirmou "isto é meu", encontrando pessoas suficientemente estúpidas para acreditarem nisso, foi o verdadeiro fundador da sociedade civil. [...] Quantos crimes, quantas guerras, quantos assassinatos, quantas misérias e horrores teriam sido poupados à humanidade se alguém arrancasse os marcos, ou nivelasse os fossos, gritando aos seus semelhantes: "não ouçam este impostor, vocês estarão perdidos se esquecerem que os frutos são de todos e a terra não pertence a ninguém"[86].

De todo modo, é patente que Rousseau não previu nenhuma fórmula para reverter a existência de propriedade. A bem da verdade, ele também não consegue imaginar nenhuma fórmula de reversão positiva ao estado natural que idealiza como um patamar primitivo e mais puro da experiência humana. A sua postura é mais a de aceitar esse movimento irreversível da história humana que teria conduzido

---

judiciário (instituições da Justiça) teria sido elaborada com a finalidade de limitar o poder executivo, que estava nas mãos do soberano. Na época, Montesquieu preconizava uma monarquia de tipo constitucional. Contra esta proposta, Rousseau negaria a distinção entre os poderes, visando afirmar acima de tudo o poder da assembleia. Não poderia existir um poder executivo distinto do da assembleia (do poder representativo). Esta proposta será retomada na ocasião da Revolução Russa, no período em que, nos *sovietes*, os poderes legislativo e executivo identificam-se e o poder representativo mostra-se dominante. Rousseau, aliás, também foi o criador da expressão "comissário do povo", também utilizada pelos bolchevistas.

86 Rousseau, 1973, p. 265.

à sociedade civil, e a partir daí propor transformações que possam tornar a existência humana mais suportável. Seu sonho de retorno ao "bom selvagem" é assumido romanticamente, de maneira quase quimérica; mas paradoxalmente algumas de suas propostas reforçam o autoritarismo, e não é à toa que a "matriz Rousseau" tenha sido reapropriada em alguns aspectos por igualitarismos articulados a propostas autoritárias.

4 A assimilação de Locke e Rousseau pelo pensamento burguês

A "matriz Rousseau", poderemos concluir, é complexa e não exclui alguns traços paradoxais. Ela intermescla prenúncios de um romantismo nostálgico com antevisões do igualitarismo jacobino – atuante, violento e autoritário – mas também algo da imaginação utópica que iria grassar no século XIX. Por outro lado, a "matriz Rousseau" admite traços arcaicos ocultos nos sonhos de retorno ao "paraíso perdido" do estado natural, ao mesmo tempo em que tenta sistematizar um austero sistema educacional bastante moderno para a sua época.

Enquanto isto, a "matriz Locke" tornou-se a pedra angular do pensamento liberal. Ela legitima a propriedade que a "matriz Rousseau" tratara como um desvio. Por outro lado, assume a desigualdade social como um mal necessário que, destarte, deveria ser minimizado pelas igualdades relativas voltadas para algumas "variáveis focais"[87] como a liberdade de ação econômica, as oportunidades de venda e compra da força de trabalho, ou o direito de escolha dos representantes políticos. A igualdade de todos com relação ao direito de agir economicamente – portanto um combinado de igualdade e liberdade voltado para um campo específico – é

---

87 O conceito de "variável focal" como uma especificação que tenta responder à questão "Igualdade de que" foi proposto por Amartya Kumar Sen em seu livro *Desigualdade reexaminada* (2001).

uma das variáveis focais que encontrou mais franca assimilação. Ela seria reencaminhada pelos economistas setecentistas, e encontrou uma feliz expressão na frase de Vincent de Gournay (1712-1759): "*laissez faire, laissez passer*" ("deixe fazer, deixe passar"). Adam Smith (1723-1790), de sua parte, deslocaria este mesmo combinado de igualdade de oportunidades e liberdade de ação para outra variável focal – o Trabalho, que se expressaria como um trabalho livre, sem intervenções, guiado espontaneamente pela natureza. Eis aí a "matriz Locke", adaptando-se aos novos padrões do liberalismo e à constante reatualização das necessidades capitalistas.

Cada uma das duas matrizes que examinamos até aqui foi, a seu modo, assimilada pela Revolução Francesa e por outras revoluções burguesas. Mas, para além do agitado quadro dos movimentos sociais dos séculos XVIII e XIX, a matriz Locke difundiu-se comodamente pelo mundo das monarquias parlamentaristas e das democracias liberais, assim como também a matriz Rousseau foi relativamente assimilada nos tempos que se seguiram – por exemplo, pelos padrões de organização de assembleias nas instituições políticas e sindicalistas. Adicionalmente, deixou algumas marcas nas primeiras experiências de socialismo real.

Também podem ser buscados na história subsequente das ideias políticas os pensadores que tendem a uma dessas tendências, ou que em alguns casos as combinam. Escrevendo da Inglaterra de meados do século XIX, John Stuart Mill (1806-1873) aprimora o liberalismo herdado de Locke e o direciona para uma aspiração mais democrática, temperando-o ao seu modo com algumas preocupações sociais que em certas ocasiões parecem aproximá-lo também da "matriz Rousseau". Na verdade, a sua influência nesta última direção passa pelas ideias socialistas de Saint-Simon (1760-1825). A preocupação de John Stuart Mill com o destino das classes oprimidas é bastante nítida, e ele chega a defender a ideia de que a indústria incorporasse mecanismos de coparticipação dos trabalhadores nos lucros. Ao mesmo tempo, radicaliza a proposta liberal de "liberdade de expressão", e revela francamente a preferência por um mundo liberal em que, tanto quanto possível, fosse acolhida a diversidade humana e o pluralismo de ideias. Por fim, incorpora uma preocupação que ainda não havia sido abraçada pelo liberalismo tradicional: a extensão do direito de voto às mulheres. Dessa forma, a discussão liberal sobre a igualdade avança aqui para um campo que só seria realmente ocupado no século XX.

Abordando mais especialmente o próprio movimento revolucionário de 1789 – por tantos considerado como o grande divisor de águas em termos de extensão da noção de igualdade aos âmbitos jurídico e político – este mostrou uma assimilação imediata das duas matrizes (Locke e Rousseau) devidamente combinadas. Assim, a *Declaração dos Direitos do Homem*, elaborada pouco depois da Tomada da Bastilha, apresenta-se como uma combinação da "matriz Locke" com a "matriz Rousseau". Partindo no "Artigo 1" da ideia de que "os homens nascem livres e iguais" (ponto comum entre os dois filósofos), os principais pontos do liberalismo lockeano são em seguida convertidos em direitos humanos inalienáveis – destacadamente os direitos à propriedade privada, à liberdade (*lato sensu*), à prosperidade, ao livre-agir econômico, à liberdade de consciência e expressão (ressalvando-se os casos de ameaça ao poder constituído, tal como propunha Locke). A "teoria da Resistência" proposta por Locke é sintetizada em "direito à resistência à opressão" ("artigos 2 e 11"). Da mesma forma, são assimiladas claramente as marcas discursivas de Rousseau, com referência direta à *vontade geral* (Artigo 6 – "A lei é expressão da vontade geral"). Assim, pode-se dizer que a *Declaração dos Direitos do Homem* assimila os principais pontos de conteúdo difundidos pela "matriz Locke", e acrescenta-lhe aspectos discursivos da "matriz Rousseau".

A pronta assimilação das duas matrizes, enfim, mostra bem claramente como a noção de igualdade foi penetrando em novos espaços a partir do período moderno, tomando grande vulto no período iluminista. Ao mesmo tempo, ao imaginarem a igualdade em um sentido mais extenso – isto é, uma igualdade abrangente a todos os homens e integrando os âmbitos político e jurídico – alguns filósofos do século XVIII já começavam a intuir que não bastaria equalizar os homens nas leis escritas se isso não correspondesse de fato a uma realidade social efetiva. Nicolas Condorcet (1743-1794), escrevendo do final do século XVIII, já reconhecia que "existe uma diferença entre os direitos que a lei reconhece aos cidadãos e os direitos que eles gozam em realidade". Percebia-se também que essa extensão da igualdade a âmbitos mais amplos também implicava colocar em jogo, além da igualdade política e da igualdade jurídica, a igualdade social. Mas o adentramento mais sistemático deste último âmbito, conforme veremos, estaria muito mais presente no pensamento político do século XX. De qualquer modo, o próprio Condorcet já dava a perceber em 1793 que as igualdades política e jurídica poderiam ficar comprometidas caso não se atentasse para a "desigualdade de riqueza", para a "desigualdade de estado social" e para a "desigualdade de instrução"[88].

De qualquer modo, as matrizes igualitárias que foram assimiladas após as revoluções burguesas – isto é, aquelas que se *institucionalizaram*, por assim dizer – referiram-se mais particularmente aos espaços jurídico e político, e foram assimiladas precisamente nos aspectos que favoreciam ao desenvolvimento da sociedade burguesa. Muitos dos filósofos iluministas, aliás, não reclamavam mais do que a igualdade civil perante a lei e o direito político de eleger representantes. No plano da igualdade social, poucos desses filósofos iluministas avançaram mais especificamente. Voltaire (1694-1778), por exemplo, chegou a considerar a desigualdade como "eterna e fatal".

Por outro lado, o mesmo século que gestou o pensamento iluminista gerou correntes de pensamento bem mais igualitárias, as

---

88 O ensaio de Condorcet que toca neste tema é "Que toutes les classes de la société n'ont qu'un même intérêt" (1793).

quais também conseguiram sua representação no movimento revolucionário, embora a seu tempo esses movimentos também tenham sido reprimidos sem a mesma assimilação que beneficiou as matrizes iluministas. Examinaremos, no momento oportuno, algumas dessas "matrizes igualitárias" – igualitárias em *stricto sensu*, e, conforme veremos, mais "igualitaristas" do que "igualitárias" (de acordo com uma delimitação conceitual que oportunamente será precisada).

Quando afirmamos que a grande conquista do século XVIII dá-se mesmo na consolidação de um imaginário da igualdade política e da igualdade jurídica, atentamos para o fato de que "imaginário" é mesmo uma palavra bastante adequada, uma vez que os ideais de igualdade continuaram a habitar, mesmo a partir desta época, muito mais a teoria do que a prática. A Revolução Francesa, por exemplo, acenou estrondosamente para as possibilidades de simultaneamente realizar a igualdade jurídica, a igualdade política e a igualdade econômica (ou a igualdade relativa ao espaço das condições materiais). A *Constituinte*, produzida no movimento revolucionário francês – em sintonia com a *Declaração dos Direitos do Homem e do Cidadão* na ideia central de que "os homens nascem e permanecem livres e iguais no direito" –, teria realizado de maneira plena a igualdade jurídica, um tanto imperfeitamente a igualdade política, e fracassado claramente nas suas possibilidades de se aproximar de uma igualdade econômica. De qualquer maneira, o que se conseguiu foi conquistado às custas de muitas colisões e hesitações. O ideal da igualdade entrechocou-se em diversas ocasiões com o ideal da liberdade, com o qual iria partilhar – juntamente com o ideal da fraternidade – o próprio lema central da Revolução[89].

---

89 Apenas para dar um exemplo, alguns historiadores levantam a questão de que na Revolução Francesa o dilema jacobino foi precisamente o de respeitar o direito à propriedade e correr o risco de perder o apoio das massas, ou de intervir na propriedade e consequentemente enfrentar uma oposição à direita, que só poderia ser solucionada com o recurso ao terror. Diante deste dilema, os jacobinos preferiram a igualdade à liberdade, e seus caminhos históricos são bem conhecidos.

5 As resistências à noção de igualdade

Será oportuno, neste ponto, chamar atenção para uma outra história que se vai desenrolando paralelamente à complexa elaboração da noção de igualdade no período moderno. A história da noção de igualdade é contrapontada a todo instante pela história das resistências concretas e imaginárias à ideia da igualdade. Assim, desde o nascedouro da moderna noção de igualdade e dos primeiros sonhos de utopia igualitária, começaram a aparecer na mesma medida os pensadores pessimistas em relação à ideia de uma igualdade plena que fosse extensível a toda a sociedade. Maquiavel (1469-1527), por exemplo, partira em seu realismo político da ideia primordial de que a sociedade seria originariamente dividida entre os "grandes" e o "povo" – e de que a imagem da unidade indivisa, quando apregoada, seria não mais do que uma máscara através da qual os "grandes" ocultariam a realidade social para enganar e oprimir o povo. Interessado em trazer a nu a realidade política, tal como nunca havia sido feito antes, Maquiavel esclarece em *O príncipe* (1513) que o objetivo da política era sempre e em todos os casos a tomada e manutenção do poder – e não o estabelecimento da justiça e do bem comum como queriam diversas das teorias políticas aceitas.

Maquiavel toca no problema da desigualdade de uma nova maneira: a igualdade não é vista por ele como produto de um sistema imposto pela própria vontade divina em favor de um mundo que devia ser harmonicamente ordenado em funções ou estamentos sociais. A esta matriz medieval, que de algum modo afirmava que a igualdade era "divina" (i. é, sancionada pelo próprio Criador), Maquiavel opõe a ideia de que a desigualdade era natural, sim – mas porque intrínseca à natureza humana. Ele quis desvendar para todos os interesses de dominação que estavam presentes nos próprios homens; e, à guisa de escrever um manual de política para uso dos príncipes no exercício dessa dominação, estava partilhando segredos do fazer político que até então haviam sido ciosamente ocultados das pessoas comuns[90]. À parte isto, a sua visão fundamental do ser humano é profundamente pessimista (ou realista, conforme o ponto de vista). Para Maquiavel a desigualdade sempre existiria, e propor a sua superação era uma quimera. Depois dele, viriam outros com ideias igualmente pessimistas acerca da sociabilidade humana – como o próprio Thomas Hobbes (1588-1679), do qual já tivemos oportunidade de examinar algumas ideias.

Foi particularmente após a convulsão histórica mais significativa no sentido de trazer a questão da igualdade para o cenário central do moderno pensamento político – a Revolução Francesa – que começariam a surgir novos críticos da igualdade. Foi o caso do historiador liberal inglês Edmund Burke (1729-1797), que em *Reflexões sobre a Revolução Francesa* (1790) sustentava que a pregação "demagógica" da igualdade durante a Revolução Francesa havia permitido que as massas irrompessem indesejavelmente no palco central da história, provocando tumultos e instaurando o caos político[91]. Com isto, segundo Burke, gerou-se inevitavelmente um vazio de poder que precisou ser ocupado em seguida por uma ditadura. Assim, o historiador inglês evocava os acontecimentos revolucionários e seus desdobramentos posteriores para vaticinar que, para preservar a liberdade, era preciso combater com firmeza as ilusões perniciosas de igualdade.

A interpretação de Burke é um dos muitos exemplos de utilização da noção de liberdade para confrontar a noção de igualdade. E não faltam também os exemplos de utilização da noção de fra-

---

90 Esta, ao menos, é a tese de Spinoza, e também de Rousseau, sobre os verdadeiros objetivos de Maquiavel ao escrever *O príncipe*. Para o primeiro, a meta oculta desta obra de Maquiavel seria alertar ou prevenir os homens comuns acerca do que os tiranos podem fazer, ou de como eles operam (SPINOZA, 1994, p. 160). Para Rousseau, conforme comentário no capítulo "Da monarquia", do *Contrato social*, "Maquiavel, fingindo dar lições aos reis, deu-as aos povos" (ROUSSEAU, 1973, p. 95).

91 Burke, 1997 (2. ed.). O texto de Edmund Burke é respondido na sua época por Thomas Paine (1737-1809), em um célebre ensaio intitulado *Os direitos do homem – Uma resposta ao ataque do Sr. Burke à Revolução Francesa* (PAINE, 1989) [original: 1791].

ternidade para conter a expressão de suas duas vizinhas na bandeira revolucionária: A igualdade e a liberdade. Na verdade, estes três aspectos fundamentais das utopias humanas – tão bem situados no lema imaginário da Revolução Francesa – correspondem aos três sonhos fundamentais pelos quais, no limite, os homens são capazes de lutar espontaneamente: igualdade, liberdade e paz. Neste último caso, a ideia da paz está implícita na ideia da fraternidade.

Alex de Tocqueville (1805-1859), já escrevendo seu *O Antigo Regime e a Revolução* (1856) em meados do século XIX, também tomou como um tema particularmente caro para as suas reflexões este confronto entre a igualdade, a liberdade e a fraternidade. Não que ele fosse um defensor da desigualdade. Bem ao contrário, Tocqueville sustentava que a liberdade não poderia se sustentar sobre a desigualdade. Entrementes, também acrescentava que a liberdade não deveria ser oprimida pela igualdade. Mesmo sem se colocar como um entusiasta das formas democráticas – que, no entanto, considerava irresistíveis a partir dos acontecimentos de sua época – o Estado liberal ideal para Tocqueville era a América do período imediatamente posterior à independência, tal como a via. Era esse modelo americano que queria contrastar com o francês.

Tocqueville avaliava que os franceses da revolução tinham abrigado uma predileção tão acentuada pela igualdade que, para continuar encaminhando os seus anseios igualitários, não se furtaram a renunciar em determinado momento à própria liberdade. Assim, Napoleão Bonaparte, mesmo que se apresentando como herdeiro da revolução, pôde, sem grandes obstáculos, flertar com a igualdade enfraquecendo a liberdade. Transparece na interpretação de Tocqueville um certo pessimismo com relação às reais possibilidades de preservar integralmente igualdade e liberdade sem que uma destas noções acabe colidindo com a outra. Por outro lado, apesar de não abrir mão de uma certa visão aristocrática do mundo, Tocqueville dá mostras de que tinha plena consciência de que a implantação e a expansão da democracia eram irreversíveis e inevitáveis. Entretanto, não escondia o fato de, no fundo, lastimar essa tendência; temia a possibilidade de que a democracia pudesse conduzir finalmente à "tirania da maioria", na qual passaria a prevalecer a força do número acima da individualidade.

A uma relação de críticos da ideia de igualdade poderiam ser acrescentados diversos outros nomes, como o de Friedrich Nietzsche (1844-1900) – filósofo cuja "crítica do conhecimento" mostra-se cada vez mais fundamental para a filosofia contemporânea, mas que na sua crítica à moral tradicional defende posições que têm sido consideradas bastante polêmicas. Para ele, a igualdade (cristã ou socialista) conduzia a uma "moral de rebanho" que deveria ser rejeitada pelo "homem superior". Discutiremos essa posição mais adiante. Por ora, interessa apenas dar a perceber que a noção de igualdade teve de enfrentar muitas resistências concretas e imaginárias, e que a sua trajetória através do moderno pensamento político é complexa e tortuosa.

6 Duas questões fundamentais sobre a igualdade

O contraste atrás estabelecido entre os ideários de Locke e Rousseau acerca da igualdade permite entrever algumas das diversas complexidades que a noção envolve. Autores diversos têm se empenhado em sistematizar esta diversidade. Uma boa baliza de sistematização para a compreensão dos sistemas que discutem a igualdade foi proposta por Norberto Bobbio na sua *Teoria Geral da Política*. Para o cientista político italiano, todo esforço no sentido de refletir sistematicamente sobre a igualdade deve partir de duas perguntas fundamentais. Quando se começa a falar em igualdade, uma primeira pergunta é: "Igualdade entre quem?" E, concomitantemente, pergunta-se de imediato: "Igualdade em relação ao quê?"[92]

A indagação "igualdade de quê" pode ter vários desdobramentos que, utilizando uma expressão de Amartya Sem, poderemos cha-

---

92 Bobbio, 2000, p. 298-299.

mar aqui de *variáveis focais*. Cada variável focal define um espaço ao qual se refere a igualdade proposta ou pretendida. Pode ser proposta a igualdade de algo como a escolha de representantes, as oportunidades de trabalho, de instrução, e, no limite, a igualdade de tudo. Em seguida, deve-se ter em vista que as perguntas primordiais unidas ("igualdade entre quem" e "igualdade de quê") podem se ramificar em quatro possibilidades de respostas que, segundo Bobbio, seriam as seguintes: Igualdade de alguns em relação a algo; Igualdade de alguns em tudo; Igualdade de todos em alguma coisa; Igualdade de todos em tudo. Será possível esquematizar este plano de categorias:

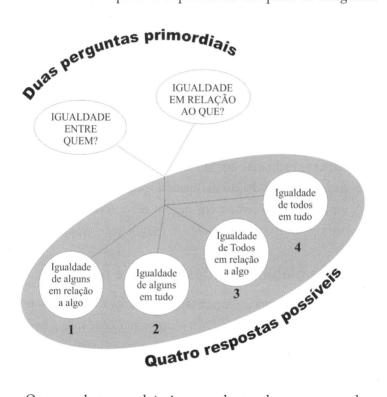

Os exemplos enquadráveis em cada um destes casos podem ser encontrados fartamente na história das ideias e na história de fato. Não vale muito a pena insistir na primeira possibilidade (Igualdade de alguns em relação a algo). Tal como faz notar

Bobbio, esse é o lugar-comum de qualquer lei ou regulamentação. Toda lei se refere a sujeitos ou pacientes que possuem algo em comum que os enquadre na situação específica de que trata a lei – e que desta forma correspondem apenas a um subconjunto do universo maior de cidadãos. Ao mesmo tempo, a lei estabelece direitos ou penalidades relativamente a algum aspecto. Resumindo a questão, uma lei refere-se a indivíduos específicos com relação a um problema igualmente específico.

A resposta n. 2, bem como as demais respostas, já nos conduz à aventura humana do pensamento político. "Igualdade de alguns em tudo" era o que propunha Platão em *República*. Platão era crítico do modelo político de sua própria pólis – a Atenas clássica que se transformara em uma democracia plena, incluindo amplos direitos políticos para a parte mais miserável da população (conservando, entretanto, a exclusão dos escravos, dos estrangeiros e, em nível à parte, das mulheres).

A utopia platônica será um princípio oportuno para a discussão das matrizes igualitárias que geram, com aparente paradoxo, clivagens sociais internas dentro das quais a igualdade é repensada mais uma vez, ao mesmo tempo em que se tenta revestir a totalidade social de algum tipo de igualdade em sentido mais amplo.

7 Utopia platônica: a desigualdade planejada

A utopia platônica – descrita na *República* e em outros textos como *As leis*, *Críton* e *O político* – apresenta dois traços bastante igualitários para a época: são eliminadas a propriedade e a família. A educação seria igual para todos até os vinte anos, mas aí se produziria um primeiro corte no igualitarismo inicialmente proposto. Platão imaginava que nesse ponto o sistema educacional promovido pelo Estado poderia começar a discriminar – com base em avaliações rigorosas das trajetórias individuais – o "tipo de alma" de cada um. O primeiro tipo a abandonar o sistema integral de educação era o das "almas de bronze", que seriam mais grosseiras e, por isto, a partir dos vinte anos, deveriam se dedicar à subsistência da cidade em atividades como a agricultura, artesanato e comércio. Os demais seguiriam nos estudos por mais dez anos, quando então ocorreria um segundo corte. As "almas de prata" – tocadas primariamente pela virtude da coragem e prontas a desempenhar com eficiência os ofícios da guerra – formariam uma nova classe: a dos "guerreiros", que cuidariam permanentemente da defesa da cidade. As "almas de ouro" seguiriam nos estudos, agora centrados na filosofia. Aos cinquenta anos, os que fossem bem-sucedidos em uma avaliação final passariam a ser magistrados, adquirindo a Ciência da Política e responsabilizando-se pelo governo da cidade.

A idealização de Platão, deste modo, aponta para uma possível igualdade primordial na repartição de bens, mas para uma bem calculada desigualdade no que se refere ao direito ao poder e ao saber. Como para os filósofos da Grécia antiga saber é sabor, a formação de uma elite do poder e do saber também implicaria, podemos acrescentar já ao nível interpretativo, em uma elite do prazer. Além disto, a definição das almas como metais menos e mais nobres mostra desde já uma bem-articulada discriminação social, pois haveria um jogo desigual de prestígios aí envolvido. O princípio democrático quebra-se também, apesar de uma pequena capa que preservava a aparência de democracia: no exercício de sua função política e diante de grandes decisões a serem tomadas, os filósofos-dirigentes primeiro lançariam mão da persuasão para convencer os demais cidadãos de suas decisões; mas falhando este recurso teriam todo o direito à utilização da força para fazer valer as suas decisões que, no fim das contas, seriam as mais justas de acordo com as expectativas platônicas.

A *República*, de Platão pode lembrar, a alguns autores de ficção científica, as partições igualitárias de uma sociedade de formigas, que possuem as formigas-operárias, as formigas-guerreiras, e uma formiga-rainha. Nesse caso, a formiga-rainha corresponde ao núcleo de filósofos dirigentes. Os aspectos igualitários ocorrem no interior de cada grupo funcional. Por outro lado, o grupo dos filósofos-dirigentes seria efetivamente aquele que teria *Tudo* o que um grego considerava necessário para uma vida plena. Afinal, os atenienses da época sempre consideraram dimensões imprescindíveis da vida plena o exercício da Política e da Filosofia, necessariamente amparados por um tempo liberado para o ócio criativo. No caso dos filósofos da utopia platônica, o tempo do ócio criativo poderia se estender à totalidade – ao contrário do que ocorria com os filósofos que viviam no mundo real das democracias atenienses, já que nenhum cidadão poderia deixar de ir à guerra e de comandar a administração de suas propriedades.

Conforme se pode ver, o modelo platônico opõe-se frontalmente à igualdade democrática que existia na Atenas da época – período em que os direitos democráticos haviam se estendido aos pobres e que, para Platão, havia permitido a livre proliferação de demagogos que eram hábeis em manipular a opinião pública despreparada em favor dos seus interesses particulares. Platão questionava a igualdade aritmética, em particular no que se referia à distribuição dos valores políticos. Para ele a igualdade deveria ser necessariamente geométrica – isto é, ser aferida em razão do mérito e da qualidade do tipo de contribuição para a sociedade. No modelo que ele radicaliza com a *República* – apesar dos traços igualitaristas que aparecem para todos no que se refere à ausência de propriedade e da família nuclear – pode-se dizer que, no limite, temos a fórmula do "todos os cidadãos são iguais, mas uns são mais iguais do que os outros", celebrizada pela *Revolução dos bichos*, de George Orwell (1945). Poder-se-ia argumentar que isto corresponde mais rigorosamente a uma *distopia* (uma utopia ao contrário). De qualquer forma, no interior de cada categoria funcional proposta pela utopia platônica realiza-se a fórmula da "Igualdade de alguns em tudo".

8 Admirável mundo novo: a desigualdade clonada

Quem de alguma maneira transpõe a severa matriz da utopia platônica para uma obra de ficção, dialogando criticamente com este modelo, é o romancista Aldous Huxley (1894-1963) em sua célebre obra *Admirável mundo novo* (1931).

O mundo novo também é clivado em categorias bem delimitadas umas das outras: os alfas, betas, gamas, deltas e ipsílons. Mas esta clivagem já não é mais extraída da própria natureza humana a partir de um rigoroso sistema de instrução que vai fazendo aflorar a natureza essencial de cada homem. As "almas de bronze, prata e ouro" – que na utopia platônica tinham de ser descobertas a partir de um meticuloso processo educacional e seletivo – são agora produzidas com precisão através de um processo futurista de clonagem, enriquecido por um cuidadoso trabalho de condicionamentos psicológicos e sociais. A educação, bem entendido, também desempenha um papel importante nesta moldagem de tipos humanos, mas ela é precedida de outros recursos que incluem a própria manipulação da genética humana. Huxley, aliás, foi um visionário que previu as possibilidades de controle da engenharia genética pela ciência humana.

No mundo novo o sexo não é mais necessário como meio para atingir a reprodução (na *República*, de Platão, bem como no pensamento grego de modo geral, a principal função do sexo entre homens e mulheres inseridos dentro do sistema de cidadania seria a de gerar cidadãos). Os indivíduos do *Admirável mundo novo* são clonados na quantidade prevista e desejada pelo sistema social, e já produzindo indivíduos de um tipo ou outro que irão se encaixar perfeitamente no interior da classe social e funcional à qual estão destinados. Assim, os coeficientes de inteligência de cada um já aparecem determinados em função da atividade que irá exercer. As suas mentes, inclusive, são produzidas para que se sintam perfeitamente felizes dentro das classes a que estão destinados – e a isso se junta um sistema de instrução e convivência que desde o princípio já é separado para cada uma das classes. Em uma palavra, no *Admirável mundo novo* a própria sociedade fabrica em série as suas "almas de bronze", "almas de prata" e "almas de ouro" – e, desde que tudo funcione sem erros, não há possibilidade de insatisfações sociais geradas pela desigualdade social, o que excluiria em primeira instância os movimentos revolucionários que ambicionassem mudar a situação.

Também aparece aqui outra perspectiva sombria. Neste novo mundo o afeto – particularmente o que aparece envolvido com as relações amorosas entre homem e mulher – tende a desaparecer. Na verdade, se em algumas sociedades puritanas de épocas anteriores a palavra "sexo" podia ser tratada como tabu, no mundo novo a palavra "amor" é que é passível de sofrer este estigma. As relações entre homens e mulheres agora se dão apenas com vistas ao prazer, e misturam-se à efemeridade do gozo sexual. Outro aspecto do *Admirável mundo novo* é a ausência da família – que aquela sociedade abolira por julgar responsável por muitos dos males dos tempos antigos. Acompanhando a abolição da monogamia, a sexualidade é estimulada desde a infância e posteriormente a promiscuidade sexual torna-se obrigatória.

Por outro lado, para afastar definitivamente qualquer fantasma de insatisfação pessoal – já que a insatisfação social é praticamente extinta com o cuidadoso sistema de clonagem – a felicidade também pode ser comprada sob a forma de um sedativo chamado "soma". Adicionalmente, também não existem mais as insatisfações decorrentes de problemas físicos, e mesmo a velhice foi extinta: todos são jovens, belos e saudáveis – embora cada um dentro do padrão da categoria social a que pertence. A estabilidade social, para o mundo novo, depende diretamente de que seja assegurada a estabilidade pessoal. Em nível individual – e, logo, social – nenhum delta desejaria ser um beta, e nenhum gama desejaria ser um alfa.

A distopia proposta por Huxley – *distopia* e não *utopia*, já que no caso ele a utiliza como um caminho para criticar os sistemas totalitários – encobre uma arguta reflexão sobre a felicidade, a liberdade e a desigualdade humana. Para além disto, atenta-se também para os riscos do uso da tecnologia a partir de uma perspectiva totalitária. Entrementes, uma das análises mais profundas que Aldous Huxley encaminha nesse célebre livro é a dos sistemas de condicionamento que gradualmente forjam mentalidades e comportamentos. A diferença entre o admirável mundo novo e o mundo real – no caso de Huxley, a Modernidade do século XX – seria a de que nesta última os processos de condicionamento ocultam-se na educação, na ideologia, no direcionamento de uma cultura de massa. De forma contrária, o mundo novo traz a nu para os seus próprios habitantes, sem ocultações, tanto os processos de condicionamento como as demandas e intenções às quais eles atendem – em última instância: o interesse maior na conservação da estabilidade social. Todos têm clara compreensão acerca do papel da genética, da psicologia e da educação na formação das mentalidades de grupo (os berçários são explicitamente inseridos em "salas de condicionamento neopavloviano"). De igual maneira, todos são cônscios da função da sexualidade livre e da droga "soma" no sentido de contribuir para evitar instabilidades emocionais ao nível individual.

As semelhanças entre a utopia platônica e a distopia do *Admirável mundo novo* partem das clivagens sociais assumidas como planejamento social. As ausências da família e da sexualidade monogâmica também estão contempladas nos dois casos, bem como o controle da procriação pelo Estado. Na utopia platônica o Estado direciona e interfere nas relações sexuais que visarão à procriação, e é de se supor que, caso Platão pudesse imaginar a possibilidade dos recursos de procriação em laboratório, também os teria preferido como soluções mais precisas. Os processos de condicionamento – desenvolvidos sistematicamente ao mesmo tempo em que são postos a nu – também estão contemplados nos dois casos. Apenas que, tal como já foi ressaltado, na *República*, de Platão, o Estado se ocupa de perceber quais são as almas de "ouro" ou "bronze" para a partir daí lhes oferecer a educação necessária, enquanto no mundo novo o próprio Estado já produz estas almas desde o útero de proveta. Em ambos os casos, enfim, realiza-se no interior de cada categoria social e funcional específica a igualdade, consoante a fórmula "igualdade de alguns em tudo". Destacar-se do padrão do grupo, em um caso e outro, equivale a ameaçar a estabilidade social do sistema[93].

9 As democracias liberais e a desigualdade oculta

Devemos agora avançar em nosso esquema. Com a resposta n. 3 ("Igualdade de todos em relação a algo") entramos no âmbito das constituições liberais. O sufrágio universal, por exemplo, corresponde à ideia de que o direito de eleger representantes políticos através do voto deve ser extensivo a *todos* os cidadãos ou componentes de uma sociedade – ou a quase todos, se considerarmos a exclusão de crianças e loucos. Temos aqui a "Igualdade de todos com relação a algo". Ao mesmo tempo, uma sociedade liberal burguesa não prevê que todos tenham efetivamente direito à propriedade, por exemplo. De fato, o "direito à propriedade" – o qual vimos registrado na "matriz Locke" – corresponde essencialmente ao direito de conservar a propriedade já possuída e também à preservação dos meios de adquiri-la; mas não significa que todos irão se *tornar* proprietários ou terão concretamente esta possibilidade assegurada.

O argumento pode ser distorcido, e um teórico liberal pode argumentar que na sua sociedade liberal e capitalista todos teriam direito a adquirir propriedades mediante a troca de dinheiro, e que

---

93 No enredo de *Admirável mundo novo*, um dos personagens centrais da trama – o alfa-mais Bernard Marx – sente-se insatisfeito no mundo em que vive, em parte porque é curiosamente diferente dos demais integrantes de sua casta, talvez em decorrência de alguma falha no processo de produção genética. O encontro dele com habitantes de uma região na qual é permitido que se cultive o "modo de viver antigo" – uma espécie de "reserva histórica", similar às atuais "reservas indígenas" – trará para a cena central outro personagem perturbador para o sistema: John, o selvagem.

todos teriam direito a adquirir dinheiro através da venda de seu trabalho livre. Mas isto, obviamente, seria uma falácia – e facilmente se pode perguntar pela existência efetiva de uma "igualdade de oportunidades" em uma sociedade liberal-capitalista. Inegavelmente, uma sociedade liberal ampara-se claramente em desigualdades de todos os tipos, sobretudo as mediadas pelo fator econômico. Tal como vimos com o exame da "matriz Locke", o pensamento liberal sempre reserva um espaço focal no qual a igualdade possa ser em tese proposta para *todos*, mesmo que no momento seguinte precise acrescentar um âmbito de exceções que rigorosamente exclui a igualdade ou a liberdade plena mesmo no espaço focal considerado. Por exemplo, admite-se igualdade de todos com relação à liberdade de expressão, *ressalvando-se* os casos em que esta liberdade de expressão possa ameaçar o poder constituído ou o próprio Estado liberal.

Por fim, a desigualdade imiscui-se de outras maneiras no programa de igualdades focais proposto pela "matriz liberal". Para retomar o mesmo exemplo – igualdade de todos relativamente à "liberdade de expressão" – pode-se lembrar que, se possuo uma caneta ou papel, posso exercer a liberdade de expressão através da escrita de uma maneira que não está franqueada àqueles que não possuem estes objetos ou meios para adquiri-la. A caneta pode ser substituída por uma máquina de escrever, por um computador, por uma rede de jornais que alguém comande – tanto faz. E a isto se acrescenta que, de acordo com o seu nível de instrução (também passível de ser adquirido através de dinheiro como a caneta ou o papel), um indivíduo pode desenvolver mais competência para se expressar do que outro. O mesmo raciocínio pode ser estendido para aqueles que buscam trabalho – considerando-se que terão mais oportunidades os que possuírem mais instrução, ou roupas que lhe assegurem uma melhor apresentação na sua busca por emprego. Essas são as ambiguidades ocultas nas variáveis focais propostas desarticuladamente pela "matriz liberal".

A "matriz liberal" vive da ocultação da desigualdade da qual ela mesma se alimenta. Ela ampara-se no imaginário da igualdade democrática, ao mesmo tempo em que se sustenta na concretude da desigualdade capitalista. Também esse mundo é crivado de marcas e processos de condicionamento diversos – a maioria dos quais se desenvolvendo inconscientemente sem que mesmo os seus próprios interessados disso se apercebam. As manipulações superficiais e explícitas estão longe de constituírem os principais recursos de dominação, e entramos aqui em questões mais intrincadas como as da ideologia e da alienação. Ao contrário da *República*, de Platão, e do *Mundo novo*, de Huxley, no mundo liberal são ocultados os mecanismos de condicionamento e de clivagem social (e de manutenção da clivagem social). Da mesma forma, as arestas sociais são cuidadosamente aparadas, e a educação é proposta como universal e pública – mas na verdade assume um papel igualmente relevante na moldagem dos indivíduos, sem que estes tomem consciência disso. A família também internaliza muitas vezes os próprios processos de condicionamento: a natureza autoritária e hierárquica refugia-se na figura do pai, a desigualdade social dos sexos ali se instala. Os tempos reviram essa matriz conforme os movimentos capitalistas. Pode ser que as mães assumam o controle familiar, mas a hierarquia persiste, os casamentos monogâmicos encobrem por vezes alianças econômicas emparelhando indivíduos do mesmo tipo, o afeto é exposto na prateleira como se fosse uma mercadoria.

A desigualdade e os processos que a geram e perpetuam estão ocultos daqueles que os sofrem e daqueles que deles se beneficiam. No entanto, basta sair às ruas para perceber a desigualdade para muito além da inapelavelmente visível desigualdade econômica. Os preconceitos afloram, as falas dos passantes revelam discursos cultivados em diferentes níveis de instrução e de inserção social, os serviços públicos mostram maior eficácia nos bairros privilegiados, há buracos nos bairros pobres, os sistemas de saúde amparam e prolongam a vida dos favorecidos. A "matriz liberal" oferece esse jogo de igualdade e desigualdade para além da fórmula que concede "Igualdade a todos em algo". De resto, as democracias liberais não constituem o único modelo que elabora esta fórmula; mas inegavelmente elas são hábeis no seu emprego imaginário.

10 Igualitarismos: a história continua

A resposta n. 4 ("Igualdade de todos em tudo") nos conduz às utopias e propostas igualitaristas. Não haverá possibilidade de examinar os imaginários igualitaristas nos limites deste artigo, mas pode-se de passagem dizer que as duas respostas imediatamente precedentes ("Igualdade de alguns em tudo" e "Igualdade de todos em algo") correspondem, cada qual à sua maneira, a padrões igualitários de algum tipo. A *República*, de Platão – uma "Igualdade de alguns em tudo" – é uma utopia igualitária dentro dos limites a que se propõe: uma utopia com exclusão social daqueles que estão fora destes limites, e com clivagens sociais e funcionais específicas. Mesmo a "matriz Locke", dentro da perspectiva liberal, circula dentro de uma proposta igualitária ("Igualdade de todos em alguns aspectos"). Quem negará que a *Declaração dos Direitos do Homem*, carregada pelas mesmas ideias que vimos em Locke e temperada com um pouco de Rousseau, é um empolgante documento igualitário nos artigos que descrevem os direitos inalienáveis dos seres humanos? E por todo lado as democracias liberais amparam-se no imaginário da igualdade, mesmo que a sua base capitalista sustente-se amplamente na desigualdade.

Esses dois modelos – república platônica e democracia liberal – desenvolvem-se dentro dos limites *igualitários*. Mas o âmbito que deixaremos a uma reflexão futura refere-se ao *igualitarismo*. Há uma sutil distinção entre "igualitário" e "igualitarista". Se repararmos bem, existe um superlativo bastante significativo envolvido na passagem de uma palavra a outra. O igualitarismo propõe a plenitude da igualdade nos dois termos da equação: "Igualdade para todos em tudo (ou quase tudo)". Agora, sujeito e objeto do processo de equalização são expandidos tanto quanto possível. Em um dos limites, o sujeito da igualdade tende à unidade absoluta e desaparecem as classes sociais; no outro limite, o objeto da igualdade estende-se a todas as condições de vida, e sintomaticamente pode desaparecer a propriedade privada. Não é preciso que sejam atingidos esses limites mais extremos para que já seja pertinente falar em igualitarismo, mas de alguma maneira deveremos estar mais próximos a eles.

Para entender os diversos modelos e matrizes igualitaristas, será preciso retomar a sua história. À parte as experiências mais limitadas do comunismo cristão primitivo, as utopias e os modelos políticos igualitaristas começam a se consolidar na Modernidade. Um marco teórico particularmente importante é seguramente a *Conspiração dos iguais de Babeuf*, texto escrito por Filippo Buonarroti em 1828[94]. Por outro lado, as utopias igualitárias já haviam começado a aparecer na literatura desde o humanismo renascentista, particularmente com a *Utopia*, de Thomas Morus (1478-1535) e a *Cidade do sol*, de Tomaso Campanella (1568-1639). Associaremos a uma matriz comum, que denominaremos "matriz Morus", essas utopias igualitárias que preveem um mundo habitado por seres sábios ou especiais – e que, portanto, estão prontos para uma vida tão isenta de tensões quanto possível (uma vida que, a bem da verdade, não pode ocorrer efetivamente senão fora deste mundo).

11 As utopias dos homens sábios

A *Utopia*, de Thomas Morus, descrita na obra de mesmo nome que foi publicada em 1516, é uma sociedade imaginária e idealizada na qual não existe a propriedade privada e se verifica uma absoluta comunidade de bens e do solo, com ausência de antagonismos

---

94 Buonarroti, 1971.

entre a cidade e o campo – traço utópico através do qual Morus encaminhava uma crítica à Inglaterra de sua época. De igual maneira, não existe trabalho assalariado, nem gastos supérfluos ou luxos excessivos e desnecessários, desempenhando o Estado o papel de órgão administrador da produção. Historicamente localizada, essa utopia renascentista constitui simultaneamente uma crítica à sociedade feudal e à Inglaterra contemporânea a Thomas Morus. Tem o valor pioneiro de ter sido a primeira idealização de uma sociedade com comunidade de bens.

Os habitantes da *Utopia*, de Thomas Morus, são sábios epicuristas que buscam o prazer. A Volúpia – entendida como todo movimento do corpo e da alma no qual o homem experimenta deleite natural – é a virtude por excelência dos utopianos, para quem nada seria mais estranho do que as virtudes austeras daqueles que aceitam gratuitamente o sofrimento e renunciam apaticamente aos prazeres da vida. Os utopianos, dessa forma, esmeram-se em buscar os prazeres que podem ser obtidos sem injustiça, e que não acarretem em malefícios posteriores. Mas o aspecto mais importante mesmo – o qual confere à utopia o caráter de uma matriz igualitarista – é a ausência da propriedade individual e privada, ou mesmo de posse (no sentido feudal). Para não permitir que se reinstale o sentimento de propriedade, os utopianos trocam de moradia a cada dez anos, utilizando ainda por cima o método do sorteio. O modelo de distribuição é o balcão instalado no centro de cada quarteirão, onde as diversas famílias depositam a sua produção e de onde cada um tira aquilo que lhes aprouver. Nesse sentido, ocorre o modelo de distribuição que prevê que cada um receba de acordo com a sua necessidade. Pressupõe-se a sabedoria como um atributo fundamental de cada um dos habitantes, já que todos apenas tiram o necessário para a sua sobrevivência. Nessa operação, não circula qualquer espécie de dinheiro.

A organização política é democrática, com eleição direta dos magistrados até chegar à autoridade máxima exercida por um príncipe.

Mas é interessante observar o sistema fortemente autoritário previsto para evitar que haja conspirações, conluios e manipulações de opinião. Qualquer reunião política fora do senado e das assembleias populares, onde e quando esteja prevista a discussão e votação periódica das leis, é punida com a morte. Existem instituições permanentes cuja função é impedir que os governantes conspirem contra a liberdade ou exerçam qualquer forma de tirania.

Por outro lado, à parte esse regime autoritário de exceção face às situações que ameacem o funcionamento democrático, a utopia é o lugar privilegiado da liberdade de pensamento. Morus constrói aqui um verdadeiro paraíso de tolerância religiosa, já que os habitantes da utopia professam os mais variados credos sem que quaisquer deles entrem em colisão. Curiosamente, esse paraíso de tolerância imaginado por Thomas Morus contrapõe-se às ideias que ele mesmo iria defender no mundo real com relação aos modos como o Estado deveria lidar com os assuntos religiosos. No *Diálogo a respeito das heresias e assuntos de religião* (1529), o chanceler-escritor chega a se mostrar favorável à erradicação das heresias sediciosas, evocando-a como medida necessária para a preservação da paz e segurança do Estado. Esse aspecto é sintomático: Morus sabe que no seu mundo imaginário está lidando com seres sábios e perfeitos – prontos para a felicidade, a liberdade, e a tolerância mútua – enquanto no reino inglês de cuja administração participava estaria lidando com seres imperfeitos e mutuamente hostis[95]. Contudo, no fim das contas, morreu pela insistência em conservar a liberdade de consciência, ao ser decapitado por se recusar a acompanhar a pretensão real de separação da Igreja inglesa em relação à autoridade papal (questão do divórcio de Henrique VIII).

A matriz igualitarista apresentada por Thomas Morus, a qual se repetirá com variações em outros momentos da história das utopias, tem um ponto singular em relação às que já examinamos. Ela pres-

---

95 Acrescente-se, por outro lado, que, no exercício de seu cargo de chanceler inglês, Thomas Morus jamais perseguiu os adeptos da Reforma, insistindo sempre na via do convencimento.

supõe a existência de homens sábios – prontos para um mundo de liberdade e igualdade, sem anseios egoístas de qualquer espécie. Um mundo de homens que não existem, poderíamos acrescentar. Mundo também sem história, pois o autor não apresenta nenhuma proposta de como teria sido possível chegar a este estado de perfeição política a partir de um mundo antes habitado por seres humanos comuns, ainda por se preparar para a igualdade, envolvidos em tensões sociais de todos os tipos e acalentando os interesses egoístas que surgem espontaneamente em uma sociedade competitiva. Ao se negar a examinar a passagem do mundo imperfeito ao mundo utópico, Morus também contorna a questão de apresentar um programa de revolução ou de transformação social. Condena seu mundo perfeito a um espaço imaginário, a um "não lugar" proibido aos homens que estão mergulhados na história, e que precisam construir a sociedade em que irão viver com seus tateamentos e hesitações, suas imperfeições e revoluções.

As proposições utópicas sintonizadas com a "matriz Morus" começam a aflorar com o humanismo Renascentista. Logo aparece a *Cidade do sol*, de Campanella (1568-1639), e *A Nova Atlântida*, de Francis Bacon (1561-1626). Essas proposições utópicas são sustentadas ou pela ideia de que todos os seres que as habitam estão preparados para a felicidade, para a igualdade e para a liberdade – um pouco passando ao largo de colisões de situações e de interesses que podem ocorrer nas experiências reais – ou então aparece a ideia de que existe uma elite de sábios respeitados incondicionalmente por todos, e que por isso conseguem resolver todos os problemas sociais apontando infalivelmente a melhor solução. Nessa última variedade entramos no âmbito da pequena elite de governantes perfeitos, que com a sua presença e orientação utopizam todo o ambiente à sua volta.

A *Cidade do sol* (1602), de Tomaso Campanella, pertence a este tipo. Esta utopia igualitária inspira-se na *Utopia* de Morus, mas pode-se dizer que ela é discretamente temperada com elementos oriundos da *República*, de Platão. O que faz da *Cidade do sol* uma utopia igualitarista é, sobretudo, o fato de que os bens são colocados em comum. Inexiste a propriedade e verifica-se uma educação igualitária. O igualitarismo transparece na própria indumentária, pois todos vestem roupas iguais. Destarte, os dois sexos são tratados diferentemente – senão com desigualdade, pelo menos com diferenças bastante claras que já começam a certo estágio da educação ministrada às crianças. Para além disto, a *Cidade do sol* prevê critérios de distribuição fundados no mérito.

O detalhe que nos interessa é que esta utopia ampara-se na orientação e governo provenientes de um grupo destacado de sábios – um grande conselho de magistrados em forma piramidal, que tem no seu cume quatro sábios maiores, um deles desempenhando o papel de autoridade máxima. O *Hoh*, palavra que significaria "O metafísico", é este sábio extremo que se situa no cimo do conselho piramidal de sábios. A ele estão ligados os outros três sábios: "Potência", "Amor" e "Sapiência" – cada qual reunindo setores importantes da vida social e dos campos humanos de pensamento e ação. Assim, o sábio "Potência" é o responsável final por tudo o que se relaciona à paz e a guerra; o sábio "Amor" rege tudo o que se relaciona com alimentação, vestuário e associação amorosa; e o sábio "Sapiência" rege as artes, as ciências e a instrução.

A pirâmide da sabedoria estende-se para mais além. A cada um destes três sábios liga-se um certo número de magistrados. Por exemplo, o ministro "Sapiência" rege um círculo imediato de onze magistrados (astrólogo, cosmógrafo, geômetra, historiador, poeta, lógico, retórico, gramático, médico, fisiólogo, moralista). Desse modo é formada a pirâmide de sábios que, destacadamente, rege a vida dos iguais que habitam a cidade do sol.

Embora os sábios sejam em última instância oriundos do próprio corpo de cidadãos, não deixa de se formar aqui aquela sociedade igualitária que precisa ter o seu sucesso assegurado pela orientação precisa de um corpo à parte – uma espécie de órgão especial dentro do próprio corpo cuidando para que tudo ocorra a contento e o organismo social se desenvolva. Um indício do caráter paternalista desta estrutura está na transmissão do conhecimento: existe um único e monumental livro, chamado "Saber", no qual se inscrevem todas as ciências e conhecimentos humanos. Este livro é lido regularmente ao povo de acordo com o método pitagórico. No fim das contas os sábios acabam se transformando em mediadores entre o povo e o conhecimento. Outro indício igualmente interessante está na forma como são estabelecidas as uniões amorosas, pois o "amor" e seus magistrados assumem o papel de estabelecer quais são as uniões que podem ser confirmadas, desaconselhando (ou até impondo) a separação dos enamorados que não constituam pares harmônicos ou complementares de acordo com a avaliação destes magistrados.

Não há menções, entretanto, de que os membros do conselho de sábios constituam uma casta particularmente privilegiada no sentido material ou econômico. Dessa forma, não se poderia falar aqui em duas classes separadas por um abismo – uma aristocracia diminuta que se destacasse como casta ou elite dominante. A ideia que perpassa é a do grupo de sábios que desempenha um trabalho altruísta em favor da comunidade. Este modelo de utopia igualitarista regida por um conselho de sábios não é o único, conforme veremos em seguida.

A Nova Atlântida, de Francis Bacon, foi postumamente publicada em 1627. A Atlântida imaginária proposta por Bacon opõe-se à Atlântida que Platão havia descrito na *República*. A comunidade utópica inventada por Bacon também tem o seu bem-estar assegurado por um grupo de sábios que habita a Casa de Salomão – uma instituição científica cuja função é descobrir permanentemente meios de facilitar a vida em geral, bem como de orientar a vida dos cidadãos com vistas a lhes assegurar a felicidade. Sobretudo, é um corpo de cientistas, que trabalha incessantemente pela ampliação do conhecimento em todos os sentidos. Essa instituição científica é o verdadeiro coração da utopia proposta por Bacon, ligando-se aos centros agrícolas, aos centros de saúde, aos centros de produção de energia, e assim por diante. Os sábios são, neste caso, trabalhadores incansáveis que se dedicam a verter seu talento científico em benefício da comunidade inteira, a quem só resta usufruir um mundo de liberdade e igualdade perfeitamente harmonizado pela ciência e sabedoria. Pode-se dizer que a "variante Bacon" da "matriz Morus" propõe um modelo de utopia igualitarista no qual a responsabilidade pela harmonia social é transferida mais uma vez para um pequeno núcleo dedicado e altruísta de sábios que trabalham para o bem geral.

Um detalhe relevante é que a *Nova Atlântida*, de Bacon, já possui uma história. A *Utopia*, de Thomas Morus, e *Cidade do sol*, de Campanella, são não apenas apresentadas como "não lugares" (utopias), mas também como realidades fora do tempo – uma vez que não se diz como se chegou a elas. Já A *Nova Atlântida* de Bacon tem uma origem: ela é fundada 900 anos antes do relato por um grande sábio altruísta que vem de fora. A utopia proposta por Bacon, desta forma, é implantada por um gesto magnânimo – ela não é gerada por um processo revolucionário, ou sequer por um processo de reformas graduais. Veremos em seguida que essa ideia do grande fundador que institui a utopia com um único gesto multiabrangente também segue adiante no conjunto das trajetórias das ideias utópicas.

12 Falanstérios

Examinaremos a seguir a "matriz Falanstério" – de certo modo, uma variação mais moderna da utopia mórica, acrescida de uma intenção de se ver um dia concretizada, mesmo que ao final da tentativa não venha a encontrar sucesso. Em comum com o modelo igualitarista anterior, um rigoroso planejamento, imposto de cima. A primeira referência são as ideias de Charles Fourier (1772-1837). Já escrevendo de um mundo mais avançado em termos industriais, e que assistira aos recuos da Revolução Francesa, Fourier pretende erigir o seu sonho de uma sociedade justa e igualitarista sob a complacência de "capitalistas esclarecidos" sintonizados com as ideias liberais. O grande fundador, por outro lado, será ele mesmo – portanto não mais um fundador imaginário, mas um fundador histórico que, não obstante, não logrou obter sucesso efetivo na implantação do seu projeto. Assim, o Fourier que pretendia se tornar o fundador concreto de uma nova sociedade acaba se tornando mais um fundador imaginário como os outros – um personagem engolido pela sua própria utopia não realizada.

As Falanges propostas por Fourier seriam correspondentes a pequenas unidades sociais com populações de cerca de 1500 habitantes, e cada uma possuiria um edifício comum chamado Falanstério onde todos viveriam harmoniosamente[96]. Apesar de um cálculo relativo ao emparelhamento numérico de homens e mulheres, a ideia era que a vida no Falanstério levaria espontaneamente à dissolução de formações sociais rudimentares como a célula familiar monogâmica e restrita. Para isso, o Falanstério teria muitos espaços de socialização, inclusive as refeições, que seriam coletivas. Fourier era um crítico visceral do casamento, e acreditava que se este fosse derrubado tudo o mais se ajeitaria espontaneamente, conduzindo a uma sociedade realmente livre. A ruptura natural com a monogamia era um item previsto com o desenvolvimento dos falanstérios.

O comportamento tendente à multiplicação de contatos amorosos era chamado por Fourier de "angélico". Ele apregoava um comportamento hedonista, no qual todos buscariam o máximo de prazer

---

96 Em uma obra chamada *A Teoria dos Quatro Movimentos* (1808), Fourier havia chegado à curiosa conclusão de que o Falanstério deveria abrigar uma população de 1.620 pessoas (810 de cada sexo). Fourier chegou ao seu número de 1.620 a partir da teoria que desenvolvera dos *Quatro Movimentos*, segundo a qual os seres humanos seriam impulsionados por treze paixões especificadas. A população do inicial do Falanstério devia ser calculada de modo que todos na comunidade tivessem a oportunidade de encontrar outros com características complementares à sua.

(o que já vimos na *Utopia*, de Thomas Morus). Também antecipava, com a sua utopia polígama, algumas das ideias de Wilhelm Reich (1897-1957), que via na camisa de força monogâmica a base de alguns dos males da sociedade. Para Fourier, aliás, o livre acesso aos prazeres eliminaria tanto as tendências ao excesso destemperado como permitiria que os homens descobrissem realmente o prazer, alimentando-se com mais gosto e amando com uma serena plenitude sexual.

As crianças, por exemplo, seriam educadas mais espontaneamente, com um mínimo de interferência dos adultos. Fourier flerta com o anarquismo, mas redesenhando-o com as cores de um otimismo utópico. Ele acreditava que um setor específico do conjunto de crianças tenderia a criar brincadeiras em torno de temas como o cuidado dos jardins e a limpeza das dependências comuns do Falanstério, de modo que este trabalho seria feito automaticamente como atividade lúdica. Para além disso, o trabalho dos adultos também seria alegre, com variedade de atividades, o que evitaria o tédio e a fadiga[97].

No Falanstério, não haveria seres humanos improdutivos – tal como existiam no estado de "civilização" que o seu sistema pretendia superar (segundo Fourier, cerca de 2/3, entre profissões desnecessárias e improdutivas, fora ociosos de várias espécies e mulheres mantidas em reclusão doméstica). Já com relação à questão da igualdade social, a proposta de Fourier era radicalmente dedicada à possibilidade de minimizar a desigualdade, mas ele admitia que haveria diferenças entre os habitantes do Falanstério. O dinheiro e a propriedade privada, por exemplo, não seriam suprimidos – apesar de que, na vida "societária" e saudável do Falanstério, purificada dos padrões de egoísmo e individualismo que até então haviam caracterizado a sociedade dita

---

97 A variação de atividades no exercício do trabalho (durando cada tipo de atividades no máximo duas horas) evitaria que os homens reprimissem uma das treze "paixões" fundamentais do ser humano, segundo Fourier: o desejo de borboletear. A "paixão de borboleta" era o eterno desejo de variedade (de passar de uma para outra flor) que seria um aspecto inerente a uma natureza humana saudável. Dessa forma, o Falanstério não seria um mundo de especialistas dedicados exclusivamente às suas profissões.

"civilizada", nem o dinheiro nem a propriedade teriam quaisquer efeitos danosos e produtores de opressão econômica.

Por outro lado, como modelo de redistribuição da riqueza, previa-se que esta seria orientada de acordo com a qualidade do trabalho produzido por cada um – o que justificaria as diferenças em termos justos. Bem-estabelecido, não seria uma remuneração privilegiando propriamente tipos diferentes de trabalho, mas sim a eficiência e o benefício real que os grupos profissionais estivessem produzindo para a comunidade. Quanto menos doentes tivesse um Falanstério, mais os médicos deste Falanstério seriam bem remunerados; quanto menos problemas estruturais ou de manutenção afligissem o edifício, mais ganhariam os engenheiros e técnicos; quanto mais deliciosa e nutritiva fosse a alimentação, mais ganhariam os cozinheiros ou os que naquele mês tivessem se dedicado às atividades alimentícias. Desta forma, cada grupo funcional faria um esforço coletivo para elevar o padrão dos resultados de seu trabalho e, desta forma, os seus próprios ganhos. Por outro lado, tal como já foi dito, um cidadão do Falanstério não precisaria estar aprisionado em uma única profissão, sendo previsível que a maioria se dedicaria variadamente ao exercício de várias funções.

Digno de nota é o extremo detalhismo com que Fourier planejava a instalação do seu Falanstério. Concebeu desde a sua arquitetura até a indumentária a ser utilizada pelos seus habitantes. As roupas teriam botões nas costas, pois assim os seres humanos precisariam sempre uns dos outros para abotoá-las e desabotoá-las, o que impediria o estabelecimento dos padrões individualistas e egoístas que tanto caracterizavam a sociedade "civilizada" do seu tempo (em Fourier, "civilização" era uma palavra pejorativa, indicativa de um estado a ser superado). Os calçados por ele imaginados seriam resistentes e práticos, e não inutilmente sofisticados e voltados para uma estética em permanente mutação. Imaginou uma centena de expedientes para evitar desperdícios e gastos desnecessários.

Detalhe igualmente significativo era que Fourier pretendia que liberais progressistas financiassem o seu projeto de implantação efetiva do Falanstério. Escreveu cerca de quatro mil cartas a pessoas poderosas, ricas ou influentes, na esperança de obter apoio para o seu projeto. Também colocou anúncios em jornais, mostrando-lhes que poderiam obter grandes lucros caso investissem nos falanstérios, que também seriam produtivos. Assim, aguardava todos os dias, à mesma hora, a chegada do mecenas liberal que financiaria o seu projeto de reforma social. Todavia, esse capitalista progressista interessado em utopias sociais não apareceu nunca.

Já o industrial Robert Owen (1771-1858) tentou ele mesmo implantar a sua sociedade reformada, investindo seus próprios recursos em colônias cooperativas nas quais a propriedade privada seria extinta. Ele já vinha obtendo algum sucesso em sua atividade industrial – organizando suas fábricas de maneira surpreendentemente humana e com grande justiça social, sem que isto prejudicasse o progresso capitalista de seus empreendimentos. Contudo, as tentativas de concretização do seu projeto realmente igualitarista fracassaram, em parte porque esse projeto sofreu muitas resistências da aristocracia inglesa de sua época.

Por fim, como último exemplo, também era uma sociedade governada por um conselho de sábios e artistas a que havia proposto o Conde Claude-Henri Saint-Simon (1760-1825). Para este caso, ao invés de rejeitar inteiramente o mundo à sua volta, a utopia de Saint-Simon previa uma sociedade industrial depurada de suas desordens e injustiças, sendo conduzida consensualmente pelos "produtores" – os operários, empresários, sábios, artistas e banqueiros. Em uma de suas primeiras obras, as *Cartas de um habitante de Genebra a seus contemporâneos* (1803), ele já há havia proposto que os cientistas tomassem o lugar das autoridades religiosas na condução espiritual das sociedades modernas. Todavia, no ano de sua morte, publicaria uma obra intitulada *Nova Cristandade* (1825), que já se preocupava com a ideia de uma reforma religiosa[98]. Vale ainda lembrar que, como Fourier, Saint-Simon teve uma preocupação peculiar em discutir a necessidade de corrigir as desigualdades de gênero, notando-se que poderemos encontrar entre os saint-simonianos algumas das mulheres pioneiras na luta pelos direitos da mulher e por uma inserção não desigual no mundo social e político. Dentre elas, é oportuno lembrar o nome de Claire Bazard (1794-1883). Além disso, com relação aos modos de distribuição da riqueza, Saint-Simon preconizava a fórmula "a cada um segundo a sua capacidade, a cada capacidade segundo o seu trabalho" (*Do sistema industrial*, 1822)[99].

13 Na prática, a utopia é outra

A fragilidade das utopias que grassam antes e durante o século XIX, conforme veremos mais adiante, deve-se em parte à crença de que a realização de suas propostas socialistas só seria possível através da ação (em geral autoritária) de um único líder ou de um grupo de sábios. A figura da unidade diretiva que paira sobre a sociedade para assegurar o bom funcionamento da ordem utópica foi bastante comum tanto nas utopias literárias – as que criam uma sociedade imaginária através de um enredo de ficção, como no caso das cidades idealizadas por Tomas Morus, Campanella ou Francis Bacon – como nas utopias que se apresentaram como projetos a serem realizados efetivamente em algum momento, tal como as propostas de Fourier, Saint-Simon e Owen.

---

98 Sobre isto, cf. DESROCHE, 1969. Sobre o pensamento utópico de Saint-Simon, cf. PETRE-GRENOUILLEAU, 2001; e MUSSO, 1999.

99 Saint-Simon foi, entre os socialistas utópicos, um daqueles que mais deixou seguidores no século XIX (os "saint-simonianos"), além de ter entre seus admiradores escritores românticos como Victor Hugo e George Sand. Entre os saint-simonianos propriamente ditos – aqueles que dão continuidade a um movimento e publicam *A exposição da doutrina de Saint-Simon* – os nomes de destaque são os de Bazard (1791-1832) e Enfantin (1796-1864). Ambos, após uma fase inicial de práticas revolucionárias entre os carbonários franceses, terminam por migrar, respectivamente em 1828 e em 1825, para o saint-simonismo.

Na realidade literária, a critério da imaginação do autor, tudo pode funcionar como um relógio. Os conflitos não parecem existir; e, quando existem, os caminhos para a sua resolução já estão previstos. De igual maneira, tanto os líderes utópicos como a população são aqui idealizados. Podemos especular, entretanto, sobre o que ocorreria com a passagem de uma utopia literária para uma experiência real. O que aconteceria se seres humanos concretos tentassem construir, na prática, uma Cidade do sol, uma Nova Atlântida, uma Utopia? Fourier desejava efetivamente construir os seus falanstérios – por ele idealizados em obras diversas –, mas seu projeto nunca saiu do papel e do sonho. Teria se decepcionado com a realidade efetiva – humana e demasiado humana – se tivesse tido uma oportunidade palpável de construir a nova sociedade com a qual sonhava sob a forma de grandes falanstérios? Como encaminhar, se quisermos colocar tudo em termos mais simples, a passagem da u-topia para a topia? Do não lugar para um lugar?

Há um caso muito interessante de utopia literária que se tentou transformar em realidade de carne, osso e pedra. O autor dessa nova experiência foi o francês Etienne Cabet (1788-1856), advogado e político atuante durante a Restauração e também sob o governo monárquico de Luís Felipe. Cabet cedo se engajou em uma prática revolucionária, tendo participado da sociedade secreta dos carbonários. Em certo momento, ocupou um cargo importante no governo real de Luís Felipe, elevado ao poder pela revolução burguesa de 1830. Mesmo assim, sua postura pró-revolucionária conservou-se e ele foi logo destituído do cargo como represália por seu posicionamento público a favor de rebeldes populares (1831)[100]. Uma situação similar, em 1834, quando era deputado e editor do jornal *O Popular*, levou-o finalmente a ser exilado para a Inglaterra.

É aqui que começa a carreira literária de Etienne Cabet. Influenciado pela figura de Robert Owen, industrialista utópico que

---

100 A crítica à dimensão conservadora do governo monárquico de Luís Felipe aparece, também, na *História da Revolução de 1830*, de Cabet.

abordamos anteriormente, Cabet amealhou inspiração para escrever em 1840 uma obra de grande sucesso: uma utopia literária intitulada *Viagem a Icária*. Nela, Lord William Carisdall, o personagem central da trama, visita um país ficcional chamado Icária. Esta sociedade atingira uma organização social na qual as desigualdades sociais haviam desaparecido através de procedimentos diversos – sempre assegurados por um Estado fortalecido – tais como abolição da herança, alimentação para todos na medida de sua necessidade, propriedade comunal dos meios de produção, uma dinâmica organização do trabalho em oficinas nacionais e um eficiente sistema de educação pública. Icária também apresentava elementos presentes em outras utopias de homens sábios, como a supervisão familiar e o controle eugênico dos casamentos. Tal sociedade perfeita, do ponto de vista igualitarista, havia sido fundada por Ícaro, ditador benigno que, nos primórdios da história desse país imaginário situado em algum lugar do Atlântico, instaurou e governou o país com sabedoria[101]. Nesse caso, podemos dizer que o padrão utópico proporcionado por uma unidade diretiva de homens sábios reduzia-se, no momento inicial, a um único homem. Depois, estabeleceu-se a junta de sábios, ou um entrelaçado de comitês formado por indivíduos capazes de deliberar nas diversas áreas de demandas humanas.

O romance *Viagem a Icária* causou tanto impacto sobre a sociedade francesa, que um grande grupo de admiradores de Cabet manifestou o desejo de realizar, na prática, o icarianismo. Em um manifesto intitulado *Allons en Icarie*, Cabet lançou o convite para que Icária fosse estabelecida no Texas, nos Estados Unidos, uma sugestão de Robert Owen. Em março de 1848, os primeiros ica-

---

101 O personagem fundador Ícaro seria uma espécie de Napoleão idealizado e perfeito. Lewis Mumford, que comenta a *Icária* de Etienne Cabet em sua obra *História das utopias* (1922), ressalta esse aspecto: "Cabet viveu os seus anos mais impressionáveis no fulgor das campanhas napoleônicas e sob o brilho crepuscular da tradição napoleônica que prevaleceu mesmo depois das conquistas do general terem se desvanecido no horizonte" (MUMFORD, 2007, p. 127).

rianos franceses chegam à América, para tomar posse de uma terra que estava muito longe daquela que imaginavam quando assinaram um acordo com uma companhia americana. De um milhão de acres prometidos na assinatura do contrato, os icarianos apenas teriam à disposição dez mil acres de terras que não eram lá muito promissoras. Ainda assim, Cabet levou adiante seu plano de erguer a sua utopia socialista, agrícola e artesanal, no Estado do Illinois.

Dizíamos atrás que iríamos falar de uma tentativa efetiva – ocorrida na extensa história das utopias – de transformar uma imaginação utópica em uma praticidade utópica – ou de transpor o modelo de uma utopia literária para uma comunidade real. Rigorosamente, não foi assim, por mais de um motivo. O principal deles é que Icária – a sociedade imaginária criada pela ficção literária de Etienne Cabet – era um estado nacional de extensão insular considerável, dividido em cem províncias de dimensões próximas, e cada uma delas dividida em dez comunas com a sua capital provincial do centro geométrico da região. Distintamente deste imponente país imaginário, estruturado sobre uma espacialidade quase matemática, a Icária real não seria mais do que um pequeno amontoado de cabanas perdido em uma inóspita planície estadunidense, distante de centros urbanos e habitada por pioneiros comunistas que haviam se comovido com a imaginação literária de Cabet e acreditaram no seu projeto social e político.

A capital de Icária – também chamada Icária – era uma cidade de análoga elegância geométrica. É partilhada por sessenta comunas, cada qual autossuficiente em alguns aspectos essenciais: espaços públicos bem-definidos, uma unidade de ensino, um hospital, um templo, lojas diversas. Esse xadrez de comunas é cortado ao meio por um rio que divide a cidade em duas partes – possivelmente sendo esta uma ressonância do Rio Sena e de Paris na imaginação cartográfica de Cabet – sendo ainda a cidade recoberta por um entremeado retilíneo de cem ruas largas que se entrecruzam perpendicularmente. O formato externo da cidade é circular.

O que mais nos importa, todavia, é a organização social e política, o modo como se estabelece uma sociedade igualitária sobre essa espacialidade geométrica, a maneira como se organiza a vida humana nas suas diversas esferas de atividades. A disponibilidade e balanceamento da alimentação são definidos por uma comissão de cientistas capazes de deliberar com conhecimento de causa sobre a questão nutricional. O trabalho, sob a égide do Estado, é organizado em oficinas nacionais, e o seu produto é depositado em armazéns públicos. Quem provê as habitações, vestuário, transporte, medicamentos, entretenimento, leitura impressa, instrução e desenvolvimento cultural é também o Estado, sempre através de uma sofisticada rede de funcionários. Em justa medida, todos são, no fim das contas, funcionários do Estado, que além de empregador também regula cada uma das instâncias da vida humana na medida da necessidade de cada cidadão. Mesma a vida amorosa é aconselhada e regulada pela instituição estatal adequada, e há normas que devem ser seguidas para a formação de casais e para que o namoro possa ser reconhecido como suficientemente maduro para avançar para a condição de casamento. A informação, em contrapartida, circula através de uma rede de jornais mantida exclusivamente pelo Estado: um supremo jornal nacional, os jornais regionais (um para cada província), e os jornais locais (um para cada comuna).

Entre as comunas do país, o Estado realoca os excedentes de modo que nada falte a nenhuma delas e, consequentemente, a nenhum dos seus cidadãos. O igualitarismo, conforme se vê, é entretecido simultaneamente na rede de vidas individuais e no xadrez espacializado das mil comunas agrupadas nas cem províncias que, finalmente, com precisão decimal, constituem a totalidade do Estado nacional. A representação política faz-se, em nível nacional, através de dois deputados por comuna, e o poder executivo afunila-se até um centro decisório constituído de dezesseis membros – o qual equivale aos núcleos de sábios que já vimos em utopias tradicionais.

Eis aqui, nessa espacialidade rigorosamente matemática, e nessa partilha humana de cada traço da vida comum, a conciliação icariana entre a igualdade social e a igualdade matemática.

Voltemos agora à realidade histórica de Etienne Cabet, criador dessa bem-organizada utopia literária. Vimos atrás que cerca de quatrocentos admiradores de Cabet e de seu romance utópico, todos inspirados por ideais comunistas, manifestaram a certo momento o desejo de concretizar o sonho icariano. Para descer dos céus da imaginação literária à terra das realizações possíveis, o modelo icariano exigia que se encontrasse um ditador sábio – o Ícaro primordial do romance de Etienne Cabet. Mas quem, senão ele mesmo, poderia assumir esta função?

Na prática, todavia, Cabet se tornou um ditador nada admirado pela pequena população que nele confiara, e que com ele iniciaria a aventura de tentar uma colonização igualitarista em terras negociadas por uma companhia estadunidense. Já instalados os utópicos desbravadores no Illinois, e decidido a realizar o seu sonho com inquebrantável determinação e com as mãos de ferro de um Ícaro, Cabet empenhou-se em impor aos seus correligionários uma rigorosa austeridade icariana, particularmente impopular a partir das medidas mais duras que achou necessário impor à comunidade em 1851, durante uma crise. Terminou por vigiar a vida privada dos icarianos, por proibir a bebida e o fumo, e mesmo por fomentar um sistema de vigilância comunitária no qual todos deveriam espionar e fiscalizar a todos. Extremamente criticado, Cabet terminou por ter sua expulsão exigida pela assembleia de membros em 1856. Morreu pouco depois. Os icarianos seguiram adiante, por mais algumas décadas, mas em 1895 a comunidade acabou sendo dissolvida. Os icarianos tinham se tornado agricultores comuns e agora já declaravam que eram simples colonos, como todos. A experiência utópica, depois de ter passado por uma pequena inflexão local-distópica ainda no período comandado por Cabet, finalmente se transformava em uma pequena comunidade como qualquer outra.

A experiência de Cabet – e sua tentativa de transferir para a vida real algo da Icária que havia imaginado nas páginas de seu romance – mostra-nos uma fragilidade que foi a de diversas das experiências utópicas que tentaram ganhar a realidade. O modelo de instalação da utopia, em todos esses casos, deveria se basear na ação individual de grandes realizadores. Podia ser um ditador-fundador, um comitê de sábios, um industrial generoso, um bondoso idealizador que pretendia convencer nobres e industriais importantes a financiar a efetivação do seu comovente projeto. A utopia, neste caso, não crescia do solo das insatisfações e demandas sociais, mas deveria ser dada à humanidade por almas benevolentes. Era menos uma conquista social do que um presente.

Conforme se vê, todos os modelos utópicos até aqui exemplificados foram importantes por terem discutido e rediscutido a possibilidade de extinguir a ociosidade e a exploração do homem pelo homem, mas o caminho que eles preconizavam era "utópico" em um sentido muito específico – tratava-se de um caminho ancorado na ideia de que a reforma social, ou mesmo a revolução, poderia ser conduzida e financiada por membros progressistas da burguesia nascente. Para o período do século XIX, chamaremos a esse caminho, fundado na ideia de uma sociedade igualitária construída a partir da benevolência liberal e comandada por um núcleo de sábios progressistas, de "matriz Falanstério". No caso do Falanstério de Fourier, o núcleo que deveria planejar detalhadamente o funcionamento da sociedade acaba se reduzindo a ele mesmo e ocorre basicamente no momento de implantação da nova sociedade, que a partir daí se desenvolveria mais ou menos espontaneamente. É também o que ocorreu tanto na utopia literária de Etienne Cabet como na sociedade agrícola real que este tentou instalar no Texas e no Illinois. Já em Claude Saint-Simon, como já havia ocorrido na *Nova Atlântida* de Francis Bacon e também na *Cidade do sol*, de Campanella, faz-se presente uma elite altruísta de sábios que se dedica a estudar incessantemente novas maneiras de beneficiar a vida na coletividade.

O sonho de sensibilizar governantes e prósperos capitalistas para um grande projeto de radical reforma social – e até de convencê-los a investir em algo que, na verdade, implicaria o seu próprio fim – assinalou um dos padrões igualitários mais intrigantes entre os que grassaram no século XIX. Robert Owen, sendo um industrial bem-sucedido, pôde suprir ele mesmo o papel combinado de sonhador e de investidor, mas a coletividade-modelo que ele tentou implantar na América também fracassou, como também a proposta mais modesta da Icária americana de Etienne Cabet. O Falanstério de Fourier e as Coletividades de Owen compuseram partes de um sonho bastante avançado para o século XIX, mas a verdade é que, pelo menos até os limites da sua época, estas ideias revelaram-se inoperantes. Serão possíveis num futuro além?

14 As utopias da abundância

Conforme vimos, as utopias que pressupõem habitantes harmonizados ou perfeitos, ou então que funcionam simplesmente amparadas pela existência de uma elite de sábios capazes de assegurar a harmonia de todos através de uma orientação infalível, começam a aflorar desde o século XVI como contraponto a uma realidade muitas vezes dura. Ao lado disso, também é interessante notar que, na realidade social do mesmo período, também irrompem os movimentos sociais diretamente inseridos na concretude do dia a dia, ainda que sem sucesso, os quais apregoavam igualmente a comunidade de bens – tal como foi o caso das revoltas camponesas lideradas por Thomas Münzer (1490-1525) no início da Modernidade. A partir dessas explosões de anseios igualitários, a criatividade utópica e os esforços revolucionários efetivos amparados pelo imaginário da igualdade seguem pelo século XVII até o final do século XVIII, ao encontro de ações sociais como a do movimento revolucionário liderado por Graccus Babeuf (1760-1797), que logo comentaremos.

O século iluminista também seria atingido pelas utopias literárias. Uma delas aparece em uma brochura publicada em 1786 por Collignon, com o título de *Prospectus d'une mémoire patriotique sur les causes de la grand misère qui existe partout et sur les moyens de l'extirper radicalement*. Essa utopia inspirava-se em uma lenda igualitária produzida séculos antes pelo imaginário medieval: o célebre país da Cocanha. O projeto da lenda da Cocanha, e que se incorporava à utopia setecentista do *Prospectus*, era o de distribuir abundância. Vale a pena relembrar, antes de seguirmos, esta matriz utópica medieval que atravessa o século XVII e vai atingir o século XVIII, convivendo com as propostas sociais iluministas e de outros modelos mais radicais.

O país da Cocanha era uma terra imaginária concebida pela imaginação medieval onde as guloseimas brotavam da terra e onde fluíam rios de vinho – metade tinto e metade branco – de modo que os homens não precisavam sequer trabalhar para o seu sustento. Para o eterno deleite dos seres humanos, a natureza havia colocado à disposição uma mesa de comprimento infinito com todo o tipo de alimentos, atravessando todas as ruas. Desse modo, o País da Cocanha apresenta-se como uma singular utopia da fartura na qual o trabalho podia simplesmente ser abolido. Pelas ruas, passeiam regularmente gansos temperados com molho de alho que vão girando espontaneamente, e a cada rotação vão assando sozinhos sem que seja preciso espeto ou fogueira, ou sequer o esforço de girar o espeto. Eis a metáfora maior da fartura consumida com mínimo esforço.

A imagem do País da Cocanha foi, no século XVIII, tomada como emblema pelo mencionado *Prospectus*, de Collignon, e, por mais absurda e fantasiosa que tenha parecido aos seus contemporâneos, ela teve curiosamente um papel importante por ter influenciado um dos primeiros comunistas modernos – Graccus Babeuf

(1760-1797). As utopias da abundância – e também os movimentos sociais que se sustentam em projetos e sonhos calcados nessas utopias de abundância nas quais se quer passar ao largo das indagações sobre o trabalho – também apresentam uma continuidade que da Idade Média atravessa os séculos XVI e XVII até chegar ao século XVIII, sem ser afetada pelo gradual fortalecimento do racionalismo científico. Nós chamaremos a esse campo de pensamento sobre a igualdade de "matriz da Cocanha".

A "matriz da Cocanha" não pressupõe, como a "matriz Morus", um mundo de seres sábios e perfeitos, prontos para uma vida igualitária e sem tensões derivadas de posturas mesquinhas, egoístas ou intemperantes. Mas ela também contorna o problema das tensões sociais porque pressupõe um mundo superabundante. Por que haveria tensões entre dois homens se eles podem recolher da mesma mesa farta o mesmo pão, na quantidade que lhes aprouver, e também se deliciar com um duplo rio de vinhos até à embriaguez em um feriado eterno? Na Cocanha medieval, por exemplo, cada ano tinha quatro de cada uma das festas e feriados principais – das Páscoas e feriados santos aos carnavais. Em contrapartida, apenas havia uma Quaresma (período de abstinência que se opunha austeramente ao Carnaval) ... a cada vinte anos![102] Nesse mundo, o carnaval vencera definitivamente o seu "combate contra a Quaresma", célebre tema que foi tão bem retratado pelo pintor renascentista Peter Brueghel (1525-1569).

A literatura francesa da segunda metade do século XVIII foi muito rica na produção de utopias de diversos tipos e manifestos radicais. Além do *Prospectus* de Collignon, outro deles foi o *Manifesto dos iguais*, produzido por Sylvain Màrechal (1796). Sylvain propunha um igualitarismo radical, no qual a distribuição de bens seria rigorosamente equitativa para todos, e declarava que

---

102 *Le fabliau de Cocagne*, apud Franco Jr., 1992, p. 48.

"se todos estavam satisfeitos em ter o sol e o ar em comum, porque não aceitar a mesma porção e a mesma qualidade de alimentos para todos?" Ele via o mundo da desigualdade instituída no qual tinham se ancorado todas as sociedades anteriores como "um caos até então reinante na história da humanidade", e que seria sucedido "por uma nova ordem que tomará o seu lugar de direito". Para Sylvain, "O dia da restituição geral havia chegado e as famílias sofredoras estavam prestes a se sentar por fim na mesa em comum que a natureza preparou para todos os seus filhos". Dessa forma, o manifesto utópico de Sylvain Màrechal retomava vagamente a metáfora da grande mesa de comprimento infinito onde a abundância podia ser distribuída livremente aos homens, o que ocorreria no instante em que fosse suprimida a riqueza.

É bastante interessante a ocorrência na França do século XVIII das utopias que previam a conquista da igualdade definitiva simplesmente suprimindo a riqueza e desintegrando a propriedade. A partir desta imagem de fundo, essas utopias não precisaram se dar ao trabalho de imaginar como deveria ser efetivada a distribuição dos bens e dos alimentos – bastava-lhes propor um modelo de repartição aritmética entre todos os homens, ou então o modelo da mesa eternamente abundante na qual cada um poderia apanhar para si o que quisesse.

Essa saída tornava-se possível nestas utopias igualitárias por um lado porque elas consideravam como ponto de partida um mundo superabundante, e por outro lado porque nenhuma dessas utopias tocou sequer tangencialmente na questão do trabalho, de modo que não precisavam indagar se a distribuição de bens se faria em função da contribuição do indivíduo para a sociedade ou se todos receberiam exatamente o mesmo quinhão, independente do seu esforço ou do seu trabalho. Mesmo na imagem de fundo do país da Cocanha, ninguém se pergunta onde estão os criados que colocam os alimentos na interminável mesa que a todos se oferece, assim como não se pergunta onde estão os camponeses que colheram as frutas, ou os artesãos que construíram uma mesa tão monumental e que a mantêm resguardada da erosão e dos cupins. Além disto, no país da Cocanha não há chuvas torrenciais, e quando chove é chuva de um delicioso pudim que no mundo medievo real apenas era consumido pelos nobres mais ricos. Desse modo, na suave chuva que cai dos céus da Cocanha, quem está embaixo apenas precisa abrir a boca para extrair da natureza mais um prazer. Também as roupas e calçados para todas as modas e gostos podem ser facilmente apanhados por todos os habitantes desse mundo imaginário e superabundante[103]. Entrementes, ninguém se pergunta pelo sapateiro ou pelo tecelão, ou sequer indaga que tempo livre eles encontram para executar o seu trabalho neste mundo inteiramente dedicado ao ócio.

Essas são as utopias da superabundância. Um pouco delas acaba se infiltrando em muitos dos modelos igualitários que vão surgindo no período moderno. A questão do trabalho, conforme veremos mais adiante, só teve de ser pensada nas décadas seguintes, quando o pensamento socialista começou a aprofundar a sua proposta de instauração da igualdade e aventar a possibilidade de que a mera distribuição de bens sem critérios de proporcionalidade poderia gerar desestímulos na produção dos indivíduos. Na "matriz da Cocanha" estes problemas não existem, ou então são contornados de alguma maneira.

As críticas à matriz-Cocanha, evidentemente, referem-se ao incontornável paradoxo da abundância de produtos a serem consumidos sem o correspondente trabalho para produzi-los. Existe uma interessante obra de ficção científica escrita em 1895 pelo escritor inglês H.G. Wells (1866-1946) que parece confrontar de alguma maneira a impossibilidade deste modelo[104]. No livro *A máquina do*

---

103 Para a utopia medieval da Cocanha, cf. Franco Jr., 1992, p. 48.

104 H.G. Wells considerava-se um socialista. Apesar de depois se desiludir com os caminhos totalitários da Rússia bolchevique, percebeu com simpatia inicial a revolução conduzida por Lenin naquele país (*Rússia nas sombras*, 1920). Bem antes disso, já era fascinado pelas uto-

tempo (1895) – que foi o primeiro romance escrito por Wells e que posteriormente recebeu duas adaptações para o cinema – o personagem principal é um cientista que constrói um aparelho capaz de transportá-lo através do tempo. Resolve ir ao futuro, e viaja até o ano 802.701[105].

Lá, o viajante do tempo encontra uma amistosa população formada por dóceis e jovens seres humanos que vivem uma realidade próxima à da Cocanha, no sentido de que existem ao ar livre grandes mesas nas quais o alimento – as mais deliciosas iguarias, frutas de todos os tipos, e um saboroso menu – está eternamente à disposição dos elóis, nomes que aqueles indivíduos dão à sua própria espécie. As roupas também estão sempre disponíveis, assim como guirlandas de flores para se enfeitarem e almofadas macias para se recostarem, bem como tudo mais o que eles precisassem para terem uma aparente vida paradisíaca. Não há sinal de trabalho[106]. Os elóis simplesmente consomem o que está à sua disposição, vivendo uma vida edênica, de eterno ócio. Tampouco há indivíduos mais velhos: apenas uma eterna juventude, existindo para o prazer. Essa é a primeira impressão do "viajante do tempo".

---

pias e distopias, e escreveu romances que se alternaram entre um trágico pessimismo sobre a espécie humana (*A ilha do Doutor Moreau*, 1896) ou um fundo utópico otimista. Em *Os dias do cometa* (1906) desenvolve uma história na qual a humanidade é subitamente despertada pelos gases de um cometa. Em *Coisas que estão por vir* (1933) – publicado no Brasil sob o título *História do futuro* (1940) – especula sobre eventos que ocorreriam até o ano de 2106, e imagina, como solução para os problemas da humanidade, um estado mundial. Seu mais marcante romance utópico, contudo, é *Uma moderna utopia* (1905).

105 Optaremos, aqui, pelo relato modificado apresentado pela primeira versão fílmica (1961, dirigido por George Pal), e, eventualmente, por trechos do próprio livro de Wells. Neste último, os habitantes da Terra que o viajante do tempo encontra são pequenos, com cerca de 1,30m de altura, quase com aparência de crianças, trajando em cores e formatos diversos "o mesmo tecido de seda, leve, mas resistente", e acostumados a se alimentar exclusivamente de frutas. Na primeira versão fílmica, são belos jovens ou adolescentes, sendo que o viajante chega a se sentir atraído por Wenna, uma das jovens elóis.

106 O viajante do tempo assim expressa sua primeira impressão de que o trabalho desaparecera da superfície da Terra: "Não se viam cercas nem quaisquer sinais de propriedades, ou de cultivo de cereais. Toda a Terra se tornara um único jardim" (WELLS, 1895, cap. 5, p. 30).

Intrigado, ele tenta saber dos elóis como aqueles alimentos e produtos para consumo estão ali. Como eles vão parar nas grandes mesas nas quais são ofertados para que simplesmente sejam apanhados à vontade? Quem fabrica aquelas túnicas coloridas que os abrigam, os cintos que as envolvem, e as sandálias nas quais seus pés se aninham? Os elóis nada esclarecem, como ocorre também nas utopias da Cocanha, nas quais não se sabe quem dispôs os alimentos nas eternas mesas nas quais nada falta. Quem trabalha para que esses produtos e alimentos estejam disponíveis? Essa pergunta, feita várias vezes pelo "viajante do tempo", não tem resposta. As coisas simplesmente aparecem, simplesmente estão ali e trata-se apenas de consumi-las, respondem-lhe os elóis. Logo o viajante do tempo perceberá, todavia, que a realidade é mais sinistra. Durante a noite, ao ver uma jovem elói por quem se enamorara ser raptada por uma estranha criatura, e carregada para baixo da terra através de um dos vários poços que se espalhavam pela superfície paradisíaca do mundo, ele compreende tudo.

A humanidade havia se dividido em dois grupos: os elóis, simpáticos e alienados jovens que vivem na superfície, e os morloks, seres embrutecidos com forma humanoide que vivem debaixo da terra e produzem tudo, possuindo máquinas industriais e proporcionando aos elóis todos os alimentos necessários e um consumo irresponsável para ocupar suas insípidas vidas. Isso, contudo, tinha o seu preço: na verdade, os morloks se alimentavam dos elóis. À noite vinham sempre sequestrar alguns para serem devorados. O paraíso, portanto, era fugaz. Os elóis dificilmente passavam da faixa dos vinte anos.

Aquele – compreende o viajante do tempo – era o futuro da humanidade. Uma falsa Cocanha, poderíamos acrescentar, na qual, no final de tudo, o ócio e o prazer irresponsável tinham o seu preço. A abundância da superfície, disposta para a vida hedônica de belos e frágeis jovens incapazes de se defender, era contrapontada pelo trabalho subterrâneo, empreendido por homens monstruosos que os canibalizavam. Todavia, talvez mesmo estes últimos também não fossem mais do que vítimas de uma sociedade remota e de uma longa história que, em um primeiro momento, os havia explorado insanamente como trabalhadores submetidos às piores condições; e que, em outro momento, finalmente os banira para as entranhas da terra. Era esse passado de desigualdades que ali deixara o seu legado. Incapazes de distribuir com igualdade tanto o ócio como o trabalho, os seres humanos haviam sido finalmente conduzidos a separá-los em duas metades[107].

15 Revolucionários radicais

A "matriz da Cocanha" erige-se como uma idealização igualitária apoiada na proposta "de tudo para todos". Mas ela não é a única matriz igualitária que se aventura por esta ideia. Para retornar ao exemplo da Revolução Francesa – que foi um verdadeiro caldeirão histórico de propostas para a igualdade – também não será difícil encontrar aqui algumas das propostas mais radicais, para muito além da "matriz liberal". Mas a verdade é que foi essa última Matriz Liberal que vingou, que conseguiu se estabilizar após a agitação revolucionária conquistando um espaço social mais efetivo. O igualitarismo manifestado pela Revolução Francesa avançou apenas até certo ponto, e depois como que retornou em movimento pendular após ter atingido o radicalismo jacobino, que na verdade reprimiu com execuções tanto os inimigos à direita como os inimigos à esquerda, mais igualitários. Esta esfoliação de todos os elementos à esquerda conti-

---

107 A necessidade da partilha do ócio, de modo a possibilitar concomitantemente a partilha justa do trabalho, é discutida na literatura marxista por Paul Lafargue, genro de Karl Marx, na famosa obra *O direito à preguiça* (1880). Ao final do apêndice de seu irônico e saboroso panfleto, Lafargue menciona um antigo dito no qual Aristóteles dá a entender que "a escravidão [só] não será necessária no dia em que os fusos trabalharem sozinhos" (LAFARGUE, 1977, p. 56). "O sonho de Aristóteles deveria ser a nossa realidade", complementa Lafargue neste texto que objetiva criticar causticamente tanto a ideologia burguesa do sobretrabalho – particularmente no que se refere à superexploração de um proletariado estrangulado por uma impiedosa rotina diária de 12 a 17 horas de labor – como a sua contrapartida: o ócio doentio da alta burguesia, consumista e dissipador de tempo e de recursos.

nuou sendo feita pelo diretório, regime um pouco mais à direita que sucedeu imediatamente a ditadura jacobina entre 1795 e 1799, a começar do ano seguinte ao da execução de Robespierre – líder máximo do movimento jacobino.

Com a repressão violenta dos movimentos inspirados em um radicalismo radical, pode-se dizer que a Revolução Francesa estendeu-se até seus limites possíveis, mas não avançou mais além. Um desses movimentos igualitários radicais que foram aniquilados no caldeirão revolucionário foi a *Conspiração dos Iguais*, liderada por Graccus Babeuf (1760-1797) – que terminou guilhotinado em 1797. Babeuf, como outros de seus companheiros de radicalismo revolucionário, propunha atingir a igualdade através da supressão da propriedade, e esse era precisamente o limite intransponível de uma revolução burguesa como a que ocorrera na França e que, de certo modo, talvez fosse a revolução-limite possível na época.

A *Conspiração dos Iguais* liderada por Babeuf contou sintomaticamente com a adesão do mesmo Sylvain Màrechal que fora em 1796 o autor do já comentado *Manifesto dos Iguais*. Além disso, os iguais também tinham em suas fileiras Filippo Buonarotti (1761-1837), radical que conseguiu sobreviver à repressão da *Conspiração dos Iguais* de Babeuf e que escreveria em 1828 um texto igualitarista que já foi mencionado como marco importante no pensamento igualitário (*História da Revolução dos Iguais*). Com relação à *Conspiração dos Iguais*, esta deixou registrados, em 1796, seus 12 pontos fundamentais, os quais constituem um marco clássico para as propostas igualitárias. Aqui já se começa a pensar mais seriamente na questão do trabalho; isto é, já nos distanciamos da utopia abundante e preguiçosa do País da Cocanha. Rigorosamente falando, todavia, não é prevista nenhuma forma mais complexa de distribuição da riqueza a ser produzida futuramente pelo trabalho nesta sociedade comunista:

> 1) A natureza deu a todo homem o direito de usufruir de todos os seus bens.

2) O propósito da sociedade é defender essa igualdade, tão costumeiramente atacada pelos maus e pelos mais fortes, e incrementar, por meio da cooperação universal, o usufruto em comum dos benefícios da natureza.

3) A natureza impôs a todos a obrigação de trabalhar, ninguém pode esquivar-se dessa tarefa sem que com isso esteja cometendo um crime.

4) Todo o trabalho e o gozo dos seus frutos deve ser em comum.

5) A opressão existe quando uma pessoa se exaure no trabalho da terra carente de tudo, enquanto outra nada na abundância sem que tenha feito nenhum esforço para isso.

6) Ninguém pode apropriar-se dos frutos da terra ou da indústria exclusivamente para si sem com isso cometer um crime.

7) Numa verdadeira sociedade não pode haver pobres nem ricos.

8) Aqueles homens ricos que não desejam renunciar aos seus excessos de bens em favor dos indigentes são inimigos do povo.

9) Ninguém pela acumulação de todos os recursos da educação, pode privar um outro da instrução necessária ao seu bem-estar: a instrução deve ser comum a todos.

10) O objetivo da revolução é destruir a desigualdade e restabelecer o bem-estar coletivo.

11) A revolução não acabou porque os ricos absorveram todas as riquezas, colocando-as exclusivamente sob o seu comando, fazendo com que os pobres fossem colocados em estado de virtual escravidão, definhando na miséria e não sendo nada no Estado.

12) A Constituição de 1793 é a verdadeira lei dos franceses, em razão do povo tê-la solenemente aceitado.

Um ponto importante neste documento é a menção à necessidade de igualdade de acesso à instrução (item 9), o que antecipa aspectos que só seriam discutidos mais seriamente muito tempo depois, ressalvada a exceção já mencionada de Jean-Jacques Rousseau. O texto termina, por fim, evocando a necessidade de abandonar as instituições estabelecidas pelo Diretório e retornar à Constituição de

1793, que durante o processo da Revolução Francesa fora o momento mais satisfatório da perspectiva dos babovistas (precisamente o ponto depois do qual o movimento revolucionário começa a retornar pendularmente para a "direita", se pudermos utilizar aqui esta metáfora espacial que na verdade teve a sua origem na própria Revolução Francesa)[108].

A *Conspiração dos Iguais* não chegou a ocorrer. O movimento foi debelado pelo Diretório antes de se realizar e Babeuf foi guilhotinado. Talvez o movimento tivesse sido esquecido como emblema para os movimentos igualitários do futuro se um dos seus participantes, Filippo Buonarotti (1761-1837) não publicasse em 1826 o célebre texto em que retoma as ideias propostas pela Revolução dos Iguais, mas agora em um contexto histórico inteiramente diferenciado. O texto *Conspiration pour l'Egalité dite de Babeuf*, tornou-se por isto um marco importante na história do igualitarismo, pois ajudou a transmitir às gerações seguintes de revolucionários um modelo de liderança através da memória perpetuada de Graccus Babeuf, que desta forma tornou-se um ícone para alguns dos movimentos igualitários vindouros. Isso não impediu, por outro lado, que alguns analistas ligados ao marxismo fizessem a Babeuf algumas críticas, sobretudo a de ser uma espécie de "comunista arcaico", ainda não sintonizado com a sociedade industrial de seu tempo e que propunha um retorno ao mundo das comunas rurais com modestas artesanais ao nível doméstico.

De qualquer modo, a ocorrência das utopias radicais e de movimentos igualitários de toda ordem no período revolucionário francês nos mostra como as revoluções costumam funcionar como caldeirões para a emergência de movimentos e idealizações em favor da igualdade. Nesses períodos de agitação é que a ideia da igualdade costuma se

---

108 A metáfora política da Direita e Esquerda foi instituída na França revolucionária de 1789 a partir das assembleias nacionais, já que os líderes e políticos mais conservadores tinham seus assentos à direita no recinto onde se realizavam as assembleias da convenção, enquanto os mais progressistas assentavam-se à esquerda.

expressar mais livremente, através de diversificadas trajetórias que por vezes aparecem e depois desaparecem, mas que em algumas ocasiões também deixam rastros de continuidade ou mesmo heranças efetivas para o pensamento político e social do futuro. Isso não ocorreu somente na Revolução Francesa. Ocorreria também na Revolução Russa e, muito antes, já havia ocorrido durante o processo que culmina e se estende para depois da Revolução Inglesa, em 1640. Voltaremos à Inglaterra deste período, que também nos oferece um caldeirão revolucionário bastante rico para o exame de propostas igualitárias.

16 Reforma radical

Christopher Hill (1912-2003), em um livro genial intitulado *O mundo de ponta-cabeça* (1972), examina precisamente esta efervescência de movimentos radicais durante o processo que produziu a Revolução Inglesa de 1640 – portanto no século anterior à eclosão da Revolução Francesa. Ele se propõe a estudar a revolta no interior da Revolução Inglesa, e por isto tem a oportunidade de se defrontar com a emergência de inúmeras práticas e imaginários radicais que, também a seu tempo, foram reprimidos pelo modelo burguês de igualdade social fortemente ancorado na propriedade privada e, para o caso da Inglaterra, em uma ética protestante que se alia intimamente aos interesses do capitalismo florescente.

Os movimentos são numerosos, e cada qual recoloca ao seu modo o problema da desigualdade social. *Anabatistas, Familistas, Levellers, Diggers, Quacres, Seekers, Ranters* e tantos outros – cada um destes movimentos agita ao seu modo a sua bandeira igualitária, e todos trazem uma utopia que, à época, acreditavam estar próxima de se realizar. O maior nome do igualitarismo inglês deste período é Gerrard Winstanley (1609-1676), autor do célebre texto-manifesto intitulado *A Lei da Liberdade* (1652)[109] e de muitos outros panfletos

---

109 WINSTANLEY, G. *The Law of Freedom in a Platform*, 1652 [Disponível em: http://www.bilderberg.org/land/lawofree.htm].

que apregoavam um igualitarismo radical. Em um destes panfletos, Winstanley fala de uma espécie de pecado original da desigualdade, e evoca os tempos primordiais em que os homens teriam vivido em estado de absoluta igualdade social e natural:

> No princípio dos tempos, o grande criador, a Razão, fez a terra: para ser esta um tesouro comum onde preservar os animais, os pássaros, os peixes e o homem, este que seria o senhor a governar as demais criaturas [...]. Nesse princípio não se disse palavra alguma que permitisse entender que uma parte da humanidade deveria governar outra. [...]. Porém [...] imaginações egoístas [...] impuseram um homem a ensinar e mandar em outro. E dessa forma [...] o homem foi reduzido à servidão e tornou-se mais escravo do que os que pertencem à sua mesma espécie, do que eram os animais do campo relativamente a ele. E assim a terra ... foi cercada pelos que ensinavam e governavam, e foram feitos os outros [...] escravos. E essa terra, que na criação foi feita como um celeiro comum para todos, é comprada, vendida e conservada nas mãos de uns poucos, o que constitui enorme desonra para o Grande Criador, como se este fizesse distinção entre as pessoas, deleitando-se com a prosperidade de alguns e regojizando-se com a miséria mais dura e as dificuldades de outros. Mas, no princípio, não era assim [...][110].

Um ponto a destacar neste texto é o fato de Winstanley preferir chamar o Criador de "Razão" do que de "Deus" – palavra que para ele ficara por demais associada a uma sociedade desigual obscurecida pela religião oficial. Percebe-se também a afirmação explícita de que a igualdade seria o estado natural do homem, no que o radical inglês antecipa algumas das proposições de Rousseau na França do século seguinte. Também é digno de nota que Winstanley avança para um igualitarismo anarquista, pronto a criticar as formas usuais de autoridade como um último reduto da desigualdade a ser su-

---

110 Gerrard Winstanley, apud Hill, 1991, p. 139-140.

perado. Por outro lado, ainda não se fala nesse e outros textos de Winstanley como se daria a distribuição em relação ao trabalho produzido por cada um.

O pensamento radical inglês do século XVII também avança por outras sendas. Se a maioria destes movimentos se propõe a dividir a terra, alguns deles avançam ainda na ideia de dividir igualitariamente os céus. Surge a proposta de um paraíso para multidões, e não apenas para um pequeno círculo de eleitos tal como propugnava a religião oficial. Houve quem propusesse eliminar a cisão entre céu e inferno, como um último gesto instaurador da igualdade absoluta. Em um panfleto *ranter* intitulado *Folhas aladas de fogo* (1649), Abiezer Coppe (1619-1672) denuncia o próprio discurso moralizador tradicional como mais uma forma de preservar a desigualdade:

> O pecado e a transgressão terminariam [...]. Por isso, deveis pôr fim a perversão tão horrível, infernal, impudente e arrogante como essa de julgar o que é pecado e o que não é[111].

Outro líder radical também ligado ao movimento *ranter* vai ainda mais longe. Para Lawrence Clarkson (1615-1667) "ninguém pode libertar-se do pecado enquanto não for capaz de cometê-lo na pureza". Mas a pérola das blasfêmias niveladoras talvez seja uma frase que o radical *ranter* Joseph Salmon (1647-1656) inclui em uma carta a Thomas Webbe (1624-1651), ligado ao mesmo movimento: "Deus nos permita conhecer o valor do inferno, para que por todo o sempre possamos desprezar o paraíso"[112].

Christopher Hill observa que essas posições radicais com relação à salvação da alma e com relação ao nivelamento do espaço sagrado mostram-se particularmente significativas no contexto do protestan-

---

111 COPPE, A. *A Fiery Flying Roll* (1649) [Disponível em http://www.wwnorton.com/college/english/nael/noa/pdf/27636_17th_U12_Coppe-1-4.pdf].

112 Hill, 1991, p. 224. Sobre Thomas Webbe, conta-se que seria sua a frase: "o único paraíso são as mulheres, o único inferno é o casamento".

tismo inglês, que havia "conservado o pecado medieval, mas sem o seguro que a Idade Média tinha contra ele: a confissão e a absolvição". Além disto, a Reforma havia abolido o purgatório, que era um espaço previsto entre o reino da eterna beatitude e o reino infernal dos infindáveis tormentos. Assim, se a reforma emancipara os fiéis da mediação obrigatória dos padres, ela não os libertara "dos terrores do pecado, ou do padre interiorizado em suas consciências"[113]. Dessa forma, questionar o pecado e propor um paraíso para todos, e não apenas para um pequeno punhado de eleitos que viveriam na beatitude enquanto a maioria queimaria em tormentos – era invadir um último espaço de desigualdade social que havia sido transferido para as representações do outro mundo.

Os protestantes radicais da Inglaterra setecentista viam a si mesmos como os encarregados divinos de prosseguir a Reforma, levando-a para além dos limites nos quais ela tinha estancado: queriam suprimir não apenas a mediação dos padres externos como também a própria tirania do padre interno, que se escondia no interior de cada um aterrorizando cada indivíduo com um inferno imaginário à espreita.

Abiezer Coppe (1619-1678), pregador radical ligado ao movimento *Ranter*, também discursava a favor do nivelamento social. Nas já citadas *Folhas aladas de fogo*, após declamar que o pecado e as transgressões não existiam mais, ele declara que "Deus, este poderoso *leveller* (nivelador) tudo inverterá..."

Cabem alguns esclarecimentos para a compreensão deste texto. Os *levellers* (niveladores) haviam constituído um movimento radical inicialmente saído das classes inferiores do exército inglês do período revolucionário. Conforme diz seu nome, eles propunham nivelar a sociedade – e em geral preconizavam um "nivelamento pela espada". Os *ranters* constituíam um grupo ainda mais radical. O movimento enquadrava seitas que tinham como cenário de fundo os am-

---

113 Hill, 1991, p. 160.

bientes das tavernas, e que levavam uma vida considerada libertina. Frequentemente empreendiam orgias dionisíacas e utilizavam a "blasfêmia" como estratégia discursiva para abalar as estruturas da religião tradicional. Coppe, bem de acordo com o movimento *Ranter*, era um radical pacifista, no sentido de que rejeitava o "nivelamento pela espada" proposto pelos *levellers* tradicionais. Ele avançava precisamente em um ponto inédito para a discussão da desigualdade: a questão sutil de que um homem armado está em situação desigual em relação ao homem desarmado:

> Nada pela espada; temos um sagrado desprezo por toda forma de guerra; antes passar a semana inteira completamente bêbados, deitando-nos com putas na praça pública e considerar essas como boas ações, do que tirar dinheiro do pobre lavrador enganado e escravizado [...] para com ele matar homens[114].

Por outro lado, os *levellers* autênticos também podiam ser tão radicais quanto os *ranters* na busca da igualdade. George Foster – um radical que alguns estudiosos classificam como *leveller*, e outros como *ranter* – deixou registrado um curioso sonho no qual aparece um enigmático nivelador montado em um cavalo branco, munido da missão de igualizar efetivamente todos os homens:

> [ele] cortava todos os homens e mulheres que encontrava e que fossem mais altos que a espécie mediana, e elevava os que eram mais baixos do que a média, tornando todos iguais; e clamava "Igualdade, igualdade, igualdade"[115].

---

114 COPPE, A. *A Fiery Flying Roll*, apud Hill, 1991, p. 210. De maneira análoga, os *quacres*, outro movimento radical religioso do mesmo período, também advogava o pacifismo.

115 FOSTER, G. *The sounding of the Last Trumpet* (Londres, 1650), p. 17-18, apud Hill, 1991, p. 222.

17 A igualdade de ferro de uma utopia industrial militarizada

A secular demanda por modelos que permitissem pensar a igualdade do tipo "De tudo para todos", conforme vimos, produziu conspirações e rebeliões tão sublimes nos seus objetivos quanto ingênuas em suas metas. O espectro utópico, tal qual um arco-íris de incontáveis cores, ofereceu à história das ideias desde os sermões radicais inspirados por um Deus nivelador, até saborosas imaginações utópicas como a da Cocanha medieval – na qual a igualdade cai dos céus sob a forma de chuvas de vinhos ou brota da terra à maneira de quitutes já bem temperados. Vimos também, com H.G. Wells, uma pergunta incômoda. Se há uma mesa infinita para o ócio, onde está o trabalho? Estará escondido sob a terra como um monstro que sobe à noite para cobrar seu preço? Quanto a nós, deveríamos ter que sentimentos em relação aos ociosos e inconsequentes elóis, simultaneamente sustentados e devorados pelos morloks trabalhadores?

Existe uma curiosa utopia, elaborada por um escritor estadunidense atuante em fins do século XIX, que imaginou literariamente uma singular saída para o dilema. Ou, conforme o ponto de vista, uma nova e asfixiante entrada na caverna. Edward Bellamy (1850-1898) escreveu *Revendo o futuro* em 1887. Mais tarde, em *Igualdade* (1898), detalha mais minuciosamente a sociedade americana deste futuro que havia previsto para o ano 2000 na sua primeira obra utópica. Tal como ocorrera com a Icária de Etienne Cabet, atrás discutida, a utopia americana descrita por Edward Bellamy em *Revendo o futuro*, surpreendentemente, inspirou uma demanda de realizações em sua própria época. Registram-se 162 "clubes Bellamy", já na década seguinte à publicação da obra, os quais tomaram a si a tarefa de propagar as ideias de Bellamy, ou mesmo pensar a possibilidade de sua concretização através de comunidades utópicas[116].

---

116 De sua parte, Edward Bellamy, tal como outros idealizadores de utopias, acreditava seriamente na realização futura da sociedade que descreve em *Revendo o futuro*, a qual

Julian West, o viajante do tempo nessa nova trama, é um abastado jovem estadunidense que vive atormentado pela consciência de ser um dos beneficiários de um mundo repleto de injustiças sociais. Sua má [ou boa] consciência chega a dar-lhe insônias, e por isso desenvolve a prática de adormecer à noite sob efeito da hipnose, em uma cave de sua mansão situada em Boston. Sob um teto abobadado, todos os dias ele dorme o simultaneamente confortável e inquietante sono dos injustos. Certo dia, não acorda mais no tempo esperado. Dorme durante cento e treze anos, e só desperta no ano 2000, tendo a oportunidade de conhecer pessoalmente o futuro de seu país.

A utopia que Julian West conhecerá é uma curiosa mistura proporcionada por um desenvolvimento do capitalismo – culminante com a extinção da concorrência entre empresas – e a emergência de uma espécie de socialismo de estado, mantido por uma singular "indústria em armas" – um sistema no qual os trabalhadores vivenciam literalmente a ideia de constituir um "exército industrial"[117]. Em termos mais diretos, os Estados Unidos se haviam transformado em uma utopia industrial militarizada, mas não por estar em constante estado de alerta contra um inimigo externo – mesmo porque a essa altura já não existem mais guerras – e sim porque toda a estrutura de recrutamento, comando e rigor, a qual vemos habitualmente nos exércitos, voltara-se para dentro, como solução para organizar de maneira eficaz e justa a indústria e o trabalho no país.

Chegou-se a esse mundo, repleto de consumismo e dotado de algumas novidades tecnológicas, mas no qual, por outro lado, desaparecem os desperdícios e atravessamentos decorrentes do sistema

---

seria "uma previsão de acordo com os princípios de evolução do próximo estágio do desenvolvimento social e industrial da humanidade, especialmente neste país [Estados Unidos]" (BELLAMY, 1960, p. 203).

117 Bellamy evita a utilização da expressão "socialismo" para a sociedade idealizada em seu romance, e depois discutida nos "clubes Bellamy". Prefere denominar seu sistema de "nacionalismo". O nome [O nacionalista] também reaparece no jornal editado pelo primeiro clube Bellamy, situado em Boston.

de competição de mercado[118]. Também desapareceram as crises periódicas do capitalismo. Gastos exorbitantes com propaganda? Extinguiram-se com o mercado tradicional. Ao mesmo tempo, esta quintaessência do antigo capitalismo convergiu nitidamente para um modelo socialista de organização humana, alcançado não através de uma revolução ruidosa, ou de reformas acumuladas à esquerda através de conquistas eleitorais nos moldes da social-democracia, mas sim a partir de um aprofundamento radical do próprio capitalismo. Conforme relata um dos anfitriões de Julius West na nova era, o processo de formação de *trusts* (já conhecido na época de Bellamy) terminou por afunilar-se em um Grande Trust – uma única grande empresa – simultaneamente à crescente associação dos trabalhadores que com o tempo evoluíram da diversidade de sindicatos para uma única grande associação laboral. O associativismo único e o Grande Trust deram-se as mãos sem qualquer comoção social, uma vez que as grandes corporações que precederam ao Grande Trust prepararam cuidadosamente a população americana para a Nova Ordem.

Ironicamente, através de um surpreendente processo pacifista chega-se a essa utopia industrial militarizada. Admirável gado novo! A revolução não foi necessária, pois, sem sobressalto, tudo se reconcilia. O povo americano, a um só tempo dócil diante da preparação que lhe foi inculcada e, no entanto, determinado a tornar-se senhor de seu próprio governo e de todo o sistema industrial,

---

118 A cadeia de atravessadores entre o produtor e o consumidor, conforme argumenta Bellamy, ampliava desnecessariamente o preço de mercadorias e constituía grande fonte de desperdícios, à qual se juntava a circulação que os consumidores tinham de fazer de loja em loja para encontrar o melhor preço entre os vendedores de um mesmo produto. Por isso, em uma cena do romance, a enamorada de Julian West mostra-lhe como funcionava agora o processo de compra de produtos pelo consumidor comum. As lojas possuíam apenas amostras únicas dos produtos produzidos pela empresa única. Escolhido um produto para ser comprado, a ordem para encomendá-lo era dada para um armazém central, e logo o produto chegaria à residência do consumidor em pouco tempo. A circulação entre lojas distintas era desnecessária, pois o preço era um só. Note-se, ainda, que Bellamy idealiza um cartão de crédito pela primeira vez.

é apresentado pelo anfitrião de Julian West como o grande ator da surpreendente transformação social. Tal como na Icária – a utopia de Etienne Cabet – também aqui todos os cidadãos tornaram-se funcionários públicos, trabalhadores diversificados que, na utopia de Edward Bellamy, passaram a integrar o exército industrial deste Grande Trust que passou a se confundir com o próprio Estado. O chefe maior desse exército é o presidente da república, ele mesmo só podendo ter chegado nesta posição começando de baixo, como recruta, e galgando paulatinamente um sistema à maneira das promoções militares e de acordo com um rigoroso conjunto de normas que regem a ascensão à presidência da república.

Atrás dizíamos que essa utopia também se produz com base no modelo "De tudo para todos". Isso se dá, no caso, através de um formato peculiar. Não apenas a riqueza é distribuída, mas também os incômodos, o trabalho menos desejável, a cota-suja. Se evocarmos mais uma vez a imagem da sociedade distópica descrita por H.G. Wells em *A máquina do tempo*, podemos dizer que na utopia americana de Bellamy um pouco de elóis e de morloks é distribuído em partes iguais por toda a população. Como se dá isso? Precisamos retomar aqui a ideia do exército industrial, fundamental nesta organização utópica.

O modelo, aceito por todos, é o do recrutamento obrigatório. Ao terminar a universidade, cada jovem é recrutado para trabalhar durante três anos sob a égide do chamado "exército laboral não especializado", uma divisão do grande exército industrial que tem como missão a realização de todas as tarefas consideradas desinteressantes e mais humildes. Da coleta de lixo à atuação como garçons, as tarefas básicas são cumpridas por todos os cidadãos como partes obrigatórias de sua trajetória nessa grande indústria militarizada. Há também, por outro lado, a possibilidade de cidadãos de outras faixas etárias assumirem as funções menos desejadas através do estímulo conferido pelo oferecimento de menos horas de trabalho. De todo modo, o salário é único – absolutamente o mesmo – para todos os participantes do exército industrial. Aqui, a igualdade se apresenta de maneira rigorosa.

Depois de cumprir seus três anos na divisão não especializada do exército industrial, o jovem pode se inscrever como recruta em uma das divisões especializadas do exército industrial – as quais se referem aos ofícios diversificados e que podem se beneficiar de mais um circuito de educação pública para o cidadão, até os trinta anos. A mobilidade no espectro militar-industrial de postos de trabalho, ademais, é obtida através de um criterioso sistema de promoções, mas também de rebaixamentos quando não ocorre o empenho esperado. A expectativa de trabalho tem como marco a idade de quarenta e cinco anos. Com esta idade, o cidadão sai da ativa do exército industrial, mas em contrapartida transforma-se em um eleitor, que vai ter direito a votar nos candidatos a altos postos, inclusive o presidente da república. Portanto, neste sistema o indivíduo mais idoso e mais experiente é que define o governo. Há igualdade também aqui, pois, em um momento, todos foram trabalhadores ativos no exército industrial, e, em um outro, todos serão aposentados, passando à reserva do exército industrial, mas com direitos a voto e a uma integração à política eleitoral. Além disso, nessa fase, conquista-se o direito ao ócio.

Essa, enfim, é a utopia industrial apresentada por Edward Bellamy em *Revendo o futuro*. Em comparação a algumas das utopias já discutidas, podemos elogiar o esforço em ultrapassar o modelo das benevolentes ditaduras de homens sábios, ou da sujeição de toda a comunidade a um único fundador-chefe do qual tudo emana, particularmente através do estabelecimento de um sistema eleitoral do qual todos participarão, no momento em que atingirem a faixa etária correspondente a este direito. A juventude, por outro lado, é excluída do processo de decisão, com consequências imprevisíveis. Interessante observar, ainda, que se chega historicamente a essa utopia industrial militarizada, conforme a narrativa de um dos personagens do romance, não através de uma revolução, mas de um surpreendente consenso. E, mais uma vez, a transformação é encaminhada pelos representantes mais elevados da hierarquia de industriais.

18 A crítica de Marx e Engels aos socialistas utópicos

Se o século XIX pode ser compreendido como a apoteose dos radicalismos igualitários e das propostas utópicas – vindo a culminar com os sonhos socialistas de Fourier, Saint-Simon, Robert Owen, Etienne Cabet e Bellamy – é também o momento de emergência de uma nova proposta socialista que, de certo modo, coloca em xeque todas as experiências concretas e imaginárias anteriormente desenvolvidas. Encontraremos agora os nomes de Karl Marx (1818-1883) e Friedrich Engels (1820-1895), dois autores e organizadores revolucionários que propunham designar o socialismo por eles mesmos propugnado como um "socialismo científico". A bem-dizer, foram Marx e Engels que apodaram de "socialismos utópicos" aos sistemas de pensamento de homens como Fourier e Saint-Simon.

Uma crítica sistematicamente empreendida pelos dois fundadores do materialismo histórico, e por quase todos os pensadores que posteriormente seguiriam a linha do marxismo ocidental, relaciona-se ao fato de que os chamados "socialistas utópicos" sempre procuraram expor detalhadamente os princípios e características de uma sociedade igualitária, por eles idealizada, mas de modo geral sem indicar os meios para alcançá-la. A obra que sistematizou mais claramente estas críticas, de autoria de Friedrich Engels, traz sintomaticamente o título *Do socialismo utópico ao socialismo científico*, tendo sido escrita em 1880 em um contexto histórico-político no qual Engels procura contribuir mais efetivamente para a organização do movimento operário, para a constituição de uma agenda de lutas, e para a formalização de uma doutrina socialista que se apresente para a classe trabalhadora com um texto claro e convincente, capaz de expor o projeto do socialismo como perfeitamente exequível para os movimentos dos trabalhadores.

Este contexto, aliás, é particularmente esclarecedor. Marx e Engels estavam empenhados em estabelecer um "socialismo científico"; ou – o que para estes dois autores não era mais do que um desdobramento da mesma ideia – um "socialismo revolucionário". Esse projeto contrapunha-se não apenas ao fato de que as propostas dos socialistas utópicos costumavam idealizar uma sociedade socialista perfeita sem apontar o caminho para atingi-la. Outra pergunta incontornável, cuja resposta poderá distinguir com clareza os utópicos dos fundadores do materialismo histórico, seria relativa a *quem* poderia empreender tais transformações.

Em geral, os sistemas que foram relacionados ao socialismo utópico, da mesma maneira que muitas das antigas utopias literárias que imaginavam sociedades perfeitas, traziam a proposta de serem governados por uma elite de sábios, ou ao menos deveriam contar com a participação destes homens mais esclarecidos. Claude Saint-Simon, por exemplo, concebe uma sociedade industrial depurada de suas desordens e injustiças, e conduzida consensualmente pelos "produtores" – os operários, empresários, sábios, artistas e banqueiros. Em uma de suas primeiras obras, as *Cartas de um habitante de Genebra a seus contemporâneos* (1803), ele já há havia proposto que os cientistas tomassem o lugar das autoridades religiosas na condução espiritual das sociedades modernas. É sintomático, no entanto, que no ano de sua morte tenha publicado outra obra intitulada *Nova Cristandade* (1825), a qual já se preocupa com a ideia de uma reforma na religiosidade.

De todo modo, ainda que a justiça social e a luta contra as desigualdades seja o horizonte de Saint-Simon, não é clara para ele a ideia de que fosse necessário descontruir efetivamente a hierarquização social. Como ele, nem todos os socialistas utópicos procuraram discutir a possibilidade da abolição da sociedade de classes, embora alguns já o façam. Ao mesmo tempo, e este é um traço constante da maior parte dos socialistas utópicos, as sociedades por eles idealizadas pressupõem a boa vontade e participação de todos os que as constituem[119].

Existe um ponto crucial para melhor compreendermos a crítica de Marx e Engels aos utópicos. Os fundadores do materialismo histórico estavam atentos à necessidade de explicitar quais deveriam ser os *agentes* da transição para uma nova sociedade. Antes de tudo, não deveriam ser indivíduos ou grupos de indivíduos – tal como propunha Fourier, sempre à espera de um capitalista visionário e bem-intencionado que lhe financiasse o projeto de construir falanstérios socialistas, ou também Robert Owen, que se erigiu ele mesmo como este industrial que poderia voluntariosamente organizar um novo tipo de unidade de produção de acordo com a sua idealização socialista. Para Marx e Engels, os agentes de transformação não deveriam ser indivíduos, e sim classes sociais inseridas nos "modos de produção", envolvidas em contradições em relação a outras classes que ainda representavam os interesses da sociedade a ser superada.

Além disso, os fundadores do materialismo histórico se perguntam que classe revolucionária seria esta no contexto mais específico da sociedade industrial. Sua resposta se distancia de Saint-Simon – um socialista utópico que já raciocina em termos de classes, mas que acredita que os agentes da transformação seriam os industriais empreendedores. De fato, para Marx e Engels, a única saída possível

---

119 Charles Fourier, cujo pensamento utópico já analisamos, acreditava na "bondade natural do ser humano", à maneira de Rousseau e outros naturalistas do século XVIII. Seria o sistema de coerções e repressões da sociedade industrial – que Fourier chama em tom depreciativo de "civilização – o que produziria as desordens morais, convertendo os instintos naturalmente bons em tendências agressivas e degeneradas.

para uma nova sociedade estaria a cargo dos proletários. Para entender e esclarecer porque esta classe deveria ser o agente de transformação, Marx percebe a necessidade de elaborar uma meticulosa crítica da Economia Política. Para desenvolver uma ciência revolucionária, e concomitantemente promover o afloramento de um socialismo científico, seria preciso entender o próprio capitalismo em funcionamento – seu regime de propriedade privada e trabalho assalariado, o papel da mercadoria e do valor, os modos como nesse sistema se dá a alienação humana, e, sobretudo, as maneiras como esse mesmo sistema produz as contradições que o farão ser destruído. A crítica deixa aqui de ser moral – mera denúncia dos valores deteriorados da civilização industrial e de suas formas de opressão, como ocorre com os filósofos e os socialistas anteriores – e passa a agregar uma sistemática análise de fundo econômico. Compreender o cerne do funcionamento da sociedade capitalista e inserir esta compreensão em uma agenda de lutas, a cargo de uma classe social específica que seria a dos proletários, deveriam ser ações gêmeas prontas a convergir para a eliminação da relação social capitalista como um todo. Posto isto, não será este o momento de discutir em maior profundidade a teoria marxista e as análises que Marx e Engels elaboraram no seu empenho em compreender a sociedade industrial.

19 Distribuindo a igualdade

Conforme pudemos ver no decurso deste breve panorama de eclosões de ideias igualitárias, algumas das propostas igualitárias dos séculos XVII e XVIII avançaram bem longe em diversos aspectos – e ocasionalmente deram origem a movimentos igualitários ainda mais radicais do que os dos séculos XIX e XX – mas por outro lado deixaram visíveis lacunas no sentido de uma sistematização mais efetiva acerca de como seria organizada uma sociedade realmente igualitária.

Pode-se dizer que os modelos de igualitarismo dos séculos XVII e XVIII pouco tocaram na questão de como a igualdade seria permanentemente atualizada em termos de distribuição da riqueza a ser produzida em uma sociedade que tivesse conquistado uma organização social igualitária. De fato, tanto as utopias igualitárias como os movimentos revolucionários desse período só conseguiram equacionar adequadamente as duas perguntas iniciais em torno da igualdade. "Igualdade entre quem" e "Igualdade de quê" – perguntas para as quais essas utopias e movimentos haviam respondido na forma de "igualdade de todos em relação a tudo" – são necessárias, mas não suficientes para a elaboração mais sistemática de uma reflexão sobre a igualdade. Para a preservação de uma sociedade igualitária seria necessário ir além da "tomada da riqueza". É preciso discutir a questão da "atualização da riqueza" e de sua distribuição por aqueles que serão os beneficiários da igualdade social. Quando mencionávamos atrás que a reflexão sobre a igualdade deveria sempre partir de duas questões primordiais ("igualdade entre quem" e "igualdade de quê"), adiamos a necessidade de acrescentar um terceiro questionamento fundamental, tão importante quanto os dois anteriores. É ainda acompanhando o paradigma proposto por Norberto Bobbio que devemos mencionar uma terceira pergunta que vem necessariamente à tona quando falamos em igualdade: "Igualdade com que critérios?"

Admitamos que, para que se possa falar em certas propostas de igualitarismo, já devem ter sido estabelecidos de um lado os beneficiários da igualdade (*todos* ou *alguns*), e de outro lado o aspecto a ser tomado como objeto da ação igualizadora (igualdade de *algo* – tal como direitos políticos ou liberdade – ou igualdade de *tudo*, tal como nas propostas igualitárias mais radicais). A questão a avançar agora é a que se refere ao modo de distribuir entre os beneficiários aquilo que será objeto da socialização. Assim, particularmente para as utopias ou tentativas igualitárias mais radicais, um dos problemas capitais sempre foi o da distribuição da riqueza. O modelo igualitário de Buonarotti amparava-se, por exemplo, na perspectiva romântica de que "quando já não houvesse palácios, também não haveria casebres", de modo que a igualdade final brotaria mais ou menos espontaneamente de um único gesto.

Entrementes, os modelos igualitários propostos pelo socialismo científico a partir de Karl Marx e Friedrich Engels tiveram de enfrentar essas questões mais concretamente, e então foram retomadas as fórmulas de distribuição da riqueza que já discutimos no ensaio anterior ("a cada um segundo a sua necessidade", ou "a cada um segundo a sua produção"?). Foi nesse sentido que os pensadores políticos interessados em um igualitarismo mais moderno, amparado em interesses mais pragmáticos, tiveram de voltar a dialogar com as ideias que já estavam embutidas nos conceitos de igualdade aritmética ou geométrica propostos por Aristóteles.

O problema da necessidade de estabelecer critérios para a repartição dos bens a serem colocados "em comum" passou a ser fundamental tanto para o "igualitarismo total" como o tinha sido para as propostas sectárias de igualitarismo que propunham beneficiar um grupo social restrito, como era o caso dos gregos antigos, os quais concebiam uma cidadania limitada a um pequeno setor social do qual se viam excluídos escravos e mulheres. Para relembrar os dois padrões básicos dos gregos antigos, vale lembrar que o modelo espartano previa igualdade em praticamente tudo para os cidadãos-guerreiros. Enquanto isso, o modelo ateniense previa apenas a igualdade política para os cidadãos, mas conservando mais claramente a desigualdade de riquezas[120].

---

120 O conjunto dos cidadãos atenienses proprietários estava cindido entre os *eupátridas* – grandes proprietários de terras trabalhadas pelos escravos – e os *georgói*, pequenos proprietários de terra trabalhadas por eles mesmos. Ao lado disso, a sociedade sustentava-se por diversos outros grupos sociais que em certas épocas não detinham os mesmos direitos políticos – como os atenienses não proprietários que desempenhavam a função de comerciantes, artesãos e outras profissões, e com a exclusão ainda mais radical dos metecos (estrangeiros) e os escravos, que não possuíam quaisquer direitos políticos. Nem mencio-

Com relação às fórmulas imaginárias de organizar a igualdade, já desde a filosofia política dos gregos começam a aparecer modelos mais complexos de distribuição da riqueza, para além da mera "igualdade aritmética" (divisão pura e simples dos bens pelo número de cidadãos). Assim, conforme já foi ressaltado no ensaio anterior, o próprio Aristóteles já estabelecera a possibilidade das "igualdades geométricas", isto é, aquelas estabelecidas em torno de um critério de proporcionalidade com relação a algum fator – restando neste caso indicar se este fator seria o mérito, a capacidade, a posição social, o tipo de trabalho, a produção efetiva, o esforço, ou outros tantos.

Essa questão dos critérios organizadores da distribuição de bens e valores volta naturalmente à tona nos modelos modernos de igualitarismos, tal como foi mostrado antes, e passa a interagir com outros aspectos, como a liberdade. Para as tendências anarquistas, por exemplo, torna-se mais viável a fórmula do "a cada um segundo a sua necessidade". A imagem mestra é a do "balcão anarquista", onde cada um toma para si aquilo de que precisa (também podemos nos lembrar da "farta mesa da Cocanha", por um viés completamente distinto, e que rigorosamente é mais a fórmula do "a cada um segundo a sua vontade"). Já as fórmulas que preveem "a cada um segundo a sua produção", "a cada um segundo a sua capacidade", ou "a cada um segundo o seu mérito" pressupõem que haja um mecanismo qualquer para avaliar essa produção, essa capacida-

---

naremos mais a óbvia exclusão das mulheres, que se dava efetivamente por todo o mundo antigo. Depois de um período oligarca onde apenas os *eupátridas* eram beneficiados politicamente, a Reforma de Sólon estabeleceu em 594 a.C. uma aristocracia fundada na relação entre a fortuna do cidadão e os seus direitos políticos. Já o período democrático corresponde aos séculos V e IV, nos quais mesmo os cidadãos desprovidos de propriedade (o *demos*) passam a ter direitos políticos compatíveis com os demais grupos que compunham a cidadania ateniense. Enquanto isto, a austera e até certo ponto totalitária sociedade oligárquica dos espartanos – que concentrava o poder político a partir de dois reis e de um conselho de 28 anciãos (a Gerúsia), embora com o intercurso de um conselho fiscal rotativo de cinco *éforos* que eram escolhidos entre os cidadãos-guerreiros – abrigava uma bem mais igualitária do ponto de vista econômico, já que todos os *esparciatas* eram proprietários de terra em oposição aos *hilotas*, membros de populações não dóricas escravizadas e pertencentes ao Estado. Além desses dois grupos existia ainda uma terceira classe – a dos *periecos*, que eram estrangeiros livres porém sem direitos políticos.

de ou esse mérito. Um mecanismo avaliador ou fiscalizador facilmente se converte em mecanismo autoritário, o que colide contra uma das rejeições capitais do anarquismo que é o seu repúdio à autoridade. Aqui temos, discretamente, mais uma possibilidade de colisão entre igualdade e liberdade, e uma tendência anarquista precisaria administrá-la.

Por outro lado, o comunismo tradicional oscilou entre o critério da "necessidade" – como na proposta de Marx para o Programa de Gotha (1875) – e a "produção" (conforme a resolução stalinista no plano do socialismo real). O Falanstério de Fourier (1772-1837) – chamado de socialista utópico por Marx – previa uma distribuição de acordo com a "quantidade e qualidade do trabalho de cada indivíduo". Já a utopia literária de Campanella – *Cidade do sol* – previa a distribuição por mérito[121].

A "matriz Anarquista" e a "matriz Marxista" produziram muitas variantes internas e uma discussão teórica bastante diversificada, e por isso só poderiam ser discutidas mais seriamente em estudos especiais. Os anarquistas contam com pensadores tão distintos como Proudhon, Kropotkin, Bakunin e Malatesta – sem mencionar a vertente do "anarquismo individualista" especificada pela posição de Max Stirner. Dentro do âmbito do materialismo histórico e do marxismo político, dispensa apresentação a imensa variedade de discussões teóricas sobre as possibilidades de transformação social em direção ao comunismo.

De qualquer forma, para a nossa discussão o importante é ressaltar que os modos de distribuição dos bens e valores constituem uma questão crucial para os modelos geradores de igualdade, sejam os elitistas ou os igualitários propriamente ditos – e estes considera-

---

121 Fora das matrizes políticas igualitárias, a questão dos critérios de distribuição da riqueza também são colocadas como fundamentais para a organização social. Assim, a regra que prevê "a cada um segundo a sua posição" seria o traço característico das sociedades estamentárias que constituem a herança da Idade Média e se prolongam pelo Antigo Regime.

dos nas suas versões autoritárias e antiautoritárias. Considerada esta terceira pergunta fundamental relacionada aos "critérios segundo o qual será estabelecida a igualdade", assim se fecha o triângulo das questões primordiais que devem estar na base de qualquer sistematização mais atenta da igualdade:

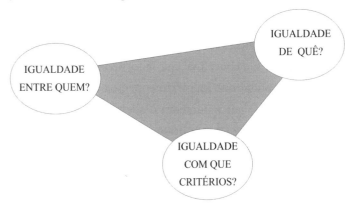

Para elaborar um esquema complexo final, poderíamos ter:

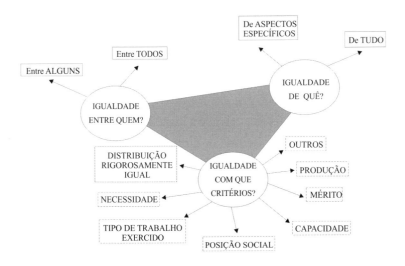

20 Igualdade e diferença: notas sobre as confusões conceituais

A discussão sobre a igualdade social no século XX pôde avançar significativamente a partir de uma maior atenção a duas coordenadas muito importantes: em primeiro lugar uma maior precisão do conceito, e em segundo lugar o reconhecimento definitivo de sua complexidade. Não será necessário que nos detenhamos tão longamente na questão da precisão conceitual, que já foi objeto do ensaio anterior, mas é hora de ressaltar que foi certamente uma maior atenção à distinção entre desigualdade e diferença o que trouxe um novo diferencial ao pensamento social e político do século XX. Desigualdade e diferença, expressões que sempre haviam povoado a reflexão sobre a vida humana em sociedade, foram se transformando de noções mais ou menos vagas em conceitos mais precisos, e claramente contrastados entre si.

Grosso modo, desde a Antiguidade os filósofos vinham confundindo essas duas noções. Vimos isto (um uso ambíguo da palavra "desigualdade" simultaneamente como *diferença* e como *desigualdade* propriamente dita) em algumas das definições aristotélicas destacadas em ocasião anterior. Poderíamos citar outros casos, já no período moderno. No já mencionado *Discurso sobre a origem da desigualdade entre os homens* (1754), Rousseau defende a ideia de que "a natureza fez os homens iguais, mas a sociedade os tornou desiguais". Em *Para além do bem e do mal* (1886), Nietzsche inverte esta fórmula e advoga que "os homens são por natureza desiguais e apenas a sociedade, com a sua moral do rebanho, com a sua religião da compaixão e da resignação, tornou-os iguais"[122].

As imprecisões que poderiam ser criticadas em um e outro desses autores, e em tantos outros dos séculos anteriores, derivam precisamente do fato de que eles não optam por ressaltar o contraste concei-

---

122 Nietzsche, 2001 [original, 1886].

tual entre desigualdade e diferença. Quando Nietzsche enfatiza que os homens são *desiguais* por natureza, não parece estar disposto a dar a perceber que na verdade os homens são *diferentes* por natureza (e não desiguais). Confunde-se aqui, propositadamente ou não, a "diferença natural" com a "desigualdade social". Rousseau, no *Discurso sobre a origem e os fundamentos da desigualdade entre os homens*, é um pouco mais preciso no que concerne à possibilidade de examinar esta questão dos dois ângulos:

> Concebo na espécie humana duas espécies de desigualdade: uma, que chamo de natural ou física, porque é estabelecida pela natureza, que consiste na diferença das idades, da saúde, das forças do corpo e das qualidades do espírito, ou da alma; a outra, que se pode chamar de desigualdade moral ou política, porque depende de uma espécie de convenção, e que é estabelecida ou, pelo menos, autorizada pelo consentimento dos homens.

É evidente que o filósofo francês também não consegue assegurar uma maior precisão vocabular, já que não contrasta devidamente as noções de diferença e desigualdade, e utiliza esta última palavra com dois sentidos que já vimos serem bem distintos. Estabelecer uma distinção clara entre as noções de igualdade e diferença foi uma conquista da maior precisão com que os pensadores do século XX tiveram de lidar para enfrentar adequadamente os problemas relativos à igualdade social.

Apesar de encaminharem pontos de vista tão antagônicos, pode-se dizer, enfim, que Nietzsche e Rousseau movem-se no mesmo campo de imprecisões conceituais. De resto, é claro que haveria o que criticar em uma e outra dessas posições mais extremadas. Já vimos que a igualdade não pode ser considerada natural, como pretendia Rousseau, uma vez que tanto a igualdade social como a desigualdade estão sujeitas a circunstâncias históricas e sociais. Em todo caso, o filósofo suíço admite isto para o segundo tipo de desigualdade que aponta em seu argumento. No fundo, ao mencionar uma "igualdade natural", Rousseau está querendo se referir a uma humanidade comum entre os homens (ou a um fundo de indiferenciação comum), e é em nome desta humanidade comum que ele se propõe a defender vigorosamente o seu programa igualitário.

Por seu turno, Nietzsche já percebe mais claramente que a ânsia pela igualdade constitui inteiramente uma questão social, e não um problema da natureza. Mas o que ele pretende rejeitar é precisamente este discurso da igualdade que já ia sendo ruidosamente elaborado pelos socialistas de sua época, e ainda mais especificamente o discurso da igualdade cristã. Ele se sentiria mais à vontade em um mundo assumidamente desigual, poder-se-ia argumentar. Mas seríamos injustos com Nietzsche se não destacássemos que a sua proposta de desigualdade não tem qualquer compromisso com uma defesa das hierarquias aristocráticas ou burguesas, e muito menos tem qualquer ligação com quaisquer ideias de discriminação racial. Nietzsche defendia uma supremacia dos melhores – mas desde já é preciso deixar claro que o seu Super-homem nada tem a ver com as sombrias utopias arianas de Hitler. Além disto, a igualdade que Nietzsche desprezava era a do rebanho, da mediocridade, da colmeia. Teria possivelmente forte repulsa pela sociedade massificada de hoje, pela banalização da opinião pública, e indistintamente seria tomado de horrores se tivesse de contemplar de um lado alguns equalizadores totalitarismos à esquerda, e de outro o moderno capitalismo mediocrizante. Mas aqui já nos afastamos de nosso tema. Destacamos que a contribuição diferencial dos pensadores sociais do século XX foi precisamente uma cada vez mais clara compreensão da distinção entre desigualdade e diferença. Pode-se citar um trecho de Hannah Arendt, aqui tomado como representativo de que neste novo século já se tinha desigualdade e diferença como dois campos claramente delineados:

> a pluralidade é a condição da ação humana pelo fato de sermos todos os mesmos, isto é, humanos, sem que

ninguém seja exatamente igual a qualquer pessoa que tenha existido, exista ou venha a existir.

Embora o trecho não se valha diretamente da noção de diferença, ela está inarredavelmente ali, convivendo dialeticamente com a ideia contrária de igualdade, e seria possível completá-la com outros trechos da autora nos quais a referência à desigualdade já se faz em outro plano, o das ações sociais. Apesar da referência primordial a uma humanidade comum, Arendt desenvolve em seus escritos uma argumentação muito clara de que a igualdade (agora por oposição contraditória a desigualdade) é sempre resultado da ação dos homens em sociedade. Este agir social levando-se em consideração a diferença era fundamental no seu pensamento. Assim, em *O que é política* (1950) Hannah Arendt chama atenção para o fato de que "a política trata da convivência entre diferentes"; e acrescenta que a igualdade (isonomia) implicaria antes de tudo a exigência mínima de que todos teriam o mesmo direito à atividade política[123].

Para além de Hannah Arendt, muitos outros autores do último século poderiam ser citados a partir de importantes contribuições que estiveram direcionadas para proporcionar uma maior precisão e delimitação dos conceitos de diferença e desigualdade. Não será nosso intuito recuperar esta diversidade de autores, senão registrar a ocorrência desta diversidade.

Pode-se perguntar por que apenas na nossa época o pensamento social e político teria se embatido por assegurar uma maior distinção conceitual entre desigualdade e diferença, amparada na busca de maior precisão no uso destas noções. Adicionalmente poder-se-ia indagar por que é também nesse século que são cunhadas várias novas noções pertinentes a esse campo, algumas das quais já foram discutidas aqui (discriminação, exclusão, segregação). Talvez explique algo o fato de que, nunca como hoje, as sociedades que primam por um

---

123 Arendt, 1998, p. 38 [original, 1950].

imaginário democrático desenvolveram uma tal "má consciência" com relação à desigualdade social, à exclusão e à discriminação. Talvez em nenhum outro momento, como hoje, a desigualdade e a exclusão social tenham entrado em tão franco confronto com a imagem de si que uma sociedade pretende projetar. A busca de maior precisão na percepção das diferenças e desigualdades sociais pode ser avaliada como um desdobramento do dilema moral que é hoje vivenciado com tanta intensidade em vários setores das sociedades modernas. Passemos, agora, à segunda questão prevista.

Para além de uma maior precisão conceitual, a segunda grande contribuição do século XX para a questão que presentemente discutimos foi, sem sombra de dúvida, o devido reconhecimento de que o problema da igualdade é irredutivelmente complexo. Dito de outra forma, era preciso ultrapassar a igualdade dos panfletos revolucionários – a igualdade intransitiva, sem complementos nominais. Apesar da impactante ideia de uma igualdade referida genericamente, a cuja trajetória nos referimos sumariamente nos últimos parágrafos, a continuidade das reflexões que se desenvolveram no século XX sobre o tema teve de se deparar inexoravelmente com a constatação de que a noção de igualdade deve ser pensada em diversos níveis ou espaços.

Nesse sentido, no limite utópico os indivíduos deveriam ser tratados como iguais com relação a todas as esferas capazes de afetar a sua vida. Fora os direitos políticos e jurídicos, era preciso agora considerar a igualdade em vários outros espaços como a educação, o trabalho, o acesso aos bens e serviços, as relações domésticas. Deste modo, reencontramo-nos sempre com o fato de que só é possível falar de igualdade ou desigualdade com relação a algum espaço de critérios ("igualdade de quê"?). Os enquadramentos no eixo polarizado pela igualdade e desigualdade implicam que esteja sendo considerado a todo momento um determinado critério ou ambiente de critérios, e ao mesmo tempo uma circunstância histórica ou processual. As múltiplas igualdades, cada qual com o seu complemento nominal mais específico (igualdade de alguma coisa) precisaram se articular, ou mesmo colidir em alguns momentos.

Para retomar a possibilidade em falar em igualdade social de maneira integrada, foi necessário que alguns cientistas sociais e políticos do século XX se orientassem em direção à noção de "igualdade complexa"[124]. De acordo com esta noção, uma sociedade integra em si mesma um determinado número de esferas relativamente autônomas em que diferentes oportunidades ou bens são alocados. Assim, a proeminência de um indivíduo na esfera econômica poderia ser contrabalançada pelo maior prestígio de um outro na esfera social, ou pela maior facilidade de um terceiro no âmbito da cultura. É claro que, para o caso das sociedades capitalistas, há sempre que se considerar o fato de que a posição econômica estende com alguma facilidade a sua proeminência sobre as outras esferas, interferindo significativamente na capacidade de obter reputação ou poder político, bem como de assegurar educação e saúde.

Dentro de uma linha similar de pensamento, atenta à necessária complexidade, Pierre Bourdieu[125] chega a falar em capital econômico, capital social e capital cultural como três instâncias a serem consideradas. Sobretudo, articula a esta noção tripartida de *Capital* duas outras – a de *habitus* e a de *campo* – considerando que em qualquer sociedade os indivíduos, grupos, ou instituições apresentam qualidades e propriedades diferentes que serão distribuídas desigualmente, determinando a posição que um agente ocupará no campo social.

Falar em capital social e capital cultural – para além da tradicional noção de capital relacionada com o aspecto econômico – implica naturalmente recolocar a questão da desigualdade em um outro nível de complexidade, uma vez que passam a ser considerados novos fatores como espaços de enquadramento da desigualdade. Se

---

124 WALTZER. *Spheres of Justice*, 1983.

125 BOURDIEU. *A economia das trocas simbólicas*, 1992.

a posição desigual dos indivíduos em determinado campo é evidentemente afetada de acordo com as flutuações de suas oportunidades de controle sobre os recursos econômicos da sociedade e de acesso à propriedade, seria preciso considerar também a desigualdade dos indivíduos relativamente às oportunidades de obter reconhecimento, prestígio, influência, autoridade (para o caso do capital social), ou de ter acesso a conhecimentos e saberes, reconhecidos institucionalmente ou não (para o caso do capital cultural)[126]. A questão da interação entre igualdade, desigualdade e diferença, enfim, segue em sua complexidade.

---

126 Adicionalmente, seria possível também falar em um capital corporal – forma de capital sujeita à desvalorização imposta pelos processos naturais de envelhecimento, e que incluiria aspectos como a beleza física. A beleza, especialmente considerando a situação mulher em um mundo repleto de valorizações e expectativas relacionadas à aparência física, pode contribuir evidentemente para a alteração da posição de um indivíduo no jogo social.

Palavras finais

Estas palavras finais atendem aos dois ensaios deste livro, os quais, de certa maneira, convergem para o mesmo ponto. Ao longo destas páginas, discorremos simultaneamente sobre igualdade, desigualdade e diferença. Em um caso – o primeiro ensaio – concentramo-nos na própria discussão conceitual sobre o que vêm a ser mais especificamente cada um desses três conceitos, sobre como eles se relacionam entre si, sobre como as desigualdades podem se transformar em diferenças e vice-versa. Por toda parte, vimos como a diferença feminina é transformada em desigualdade das mulheres; como a diferença infantil pode não ser percebida ao se insistir em considerá-la uma desigualdade etária; ou como as desigualdades de aprendizagem podem ser transfiguradas em diferenças de aprendizagem em determinados sistemas de ensino inseridos em processos de dominação.

Discutimos, ainda, o fato de que tanto as desigualdades como as diferenças são construções históricas. Mesmo diferenças às quais nos acostumamos desde sempre a perceber como "naturais", tais como os dois sexos biológicos ou as variações etárias, implicam uma construção em cada sociedade e cultura. Ser mulher e ser idoso são coisas que se aprendem, e isso de acordo com os variados modelos que fazem parte dos repertórios possíveis a cada sociedade e cultura, sempre sujeitos à historicidade e, concomitantemente, às condições sociais que afetam desigualmente os diversos grupos sociais que podem constituir uma mesma população.

No segundo ensaio, nossa tarefa foi a de discutir algumas das muitas trajetórias pertinentes ao conceito de igualdade – seja no universo de mundos imaginários criados por escritores de várias épocas, seja no mundo efetivo da política e das insurreições que, em momentos históricos específicos, visaram transformar a sociedade, com ou sem sucesso. No primeiro caso, pensar as trajetórias da ideia de igualdade neste vasto universo imaginário que é o das criações literárias, é já nos colocarmos diante das utopias e distopias. Uma coisa, também aqui, pode recair na outra. Eliminar a desigualdade – ou sonhar com a possibilidade de eliminação da desigualdade – não deve implicar o risco de destruir a diferença. Caso isso ocorra, o mais aperfeiçoado sistema imaginado pelos homens pode facilmente cair na "distopia da colmeia", ou em uma sociedade de cupins.

Da mesma forma, conforme nos sugerem distopias como a elaborada por H.G. Wells em *A máquina do tempo*, as desigualdades radicais podem por vezes contribuir para esculpir perigosas diferenças. Lembremos, no desolador futuro distópico desenhado pelo romance de Wells, aqueles corpos deformados pelo ócio extremo ou pelo excesso de trabalho: a insustentável fragilidade dos elóis e a monstruosidade dos morloks.

No mundo dito real, em contrapartida, a história tem nos mostrado sistemas de dominação que se valem das diferenças não para exaltar a sua riqueza cultural, mas para nelas instilar o ódio recíproco. Tragédias como a dos tutsis e hutus, na Ruanda de 1994, mostram-nos a que desastres podem chegar as diferenças deformadas pelas desigualdades. Neste pior dos mundos possíveis, há somente vítimas: elóis ou morloks. Os verdadeiros culpados, ou os maiores responsáveis – aqueles que, bem-armados, seccionaram o mundo em duas ou mais partes desiguais para melhor alimentar seu apetite de colonizadores – foram-se. Ou estão à espreita, a entretecer novas formas de dominação. São também eles os mesmos que, antes, ao reeditarem no período moderno a escravidão, transformaram-na de desigualdade radical em diferença.

Os massacres das desigualdades e diferenças são frequentemente visíveis, e em algumas ocasiões se oferecem à observação direta em escalas incontornáveis. Mas é também matéria obrigatória para a reflexão sobre a justiça social a questão sobre a invisibilidade de certas desigualdades. À desigualdade exposta – como uma ferida aberta que clama pela sua cura – será preferível a desigualdade que se oculta em alguns dos discursos aparentemente democráticos, e que desta maneira se preserva insidiosamente?

Referências

Fontes

AMERICAN PSYCHIATRIC ASSOCIATION. *Manual de diagnóstico e estatística de distúrbios mentais.* 3. ed. São Paulo: Manole, 1989.

AQUINO, T. *Suma Teológica.* Vols. I a XVII. Madri: Católica, 1953a [originais: 1265 a 1273].

_____. *Suma contra los gentiles.* Vols. I e II. Madri: BAC/Católica, 1953b [original: 1259].

ARISTÓTELES *Política.* Brasília: UnB, 1985 [Trad. de M.G. Kury] [original: 350 a.C.].

_____. *Ética a Nicômaco.* Paulo: Abril, 1973 [Trad. de L. Vallandro e G. Bornheim da versão inglesa de W.D. Rosá] [original: 325 a.C.].

BACON, F. "A Nova Atlântida". *Os pensadores.* São Paulo: Abril, 1980 [original: 1610].

BELLAMY, E. *Daqui a cem anos* – Revendo o futuro. Rio de Janeiro: Record, 1960 [original: 1887].

BUONARROTI, P. *Babeuf's conspiracy for equality.* Londres: Hetherington, 1836 [Trad. para o inglês de J.B. O'Brien].

BURKE, E. *Reflexões sobre a Revolução Francesa.* Brasília: UnB, 1982 [original: 1790].

CABET, E. *Voyage on Icarie.* Paris: Au Bureau du Populaire, 1842.

CAMPANELLA, T. "Cidade do sol". *Os pensadores.* São Paulo: Abril, 1980 [original: 1602].

CONDORCET, J.-A.-N.C. *Esquisse d'un tableau historique des progrès de l'espirit humain.* Paris: Flammarion, 1988 [original: 1793].

COPPE, A. *A Fiery Flying Roll* (1649) [Disponível em http://www. wwnorton.com/college/english/nael/noa/pdf/27636_17th_U12_ Coppe-1-4.pdf].

ENGELS, F. *Do socialismo utópico ao socialismo científico*. São Paulo: Global, 1981 [original: 1880].

FILMER, R. *Patriarca o el poder natural de los reyes*. Madri: Alianza, 2010 [Org. de Á. Rivero] [original: 1680].

FOSTER, G. *The sounding of the Last Trumpet*. Londres: [s.e.], 1650.

FREUD, S. "Tres ensayos de Teoria Sexual". *Obras Completas*. Vol. VII. Buenos Aires: Amorroutu, 1998 [original: 1905].

HAMURABI. *O Código de Hamurabi*. Petrópolis: Vozes, 1990 [Org. de E. Bouzon] [original: 1700 a.C.].

HERDT, G. "Mistaken Gender: 5-alpha Reductase Hermaphroditism and Biological Reductionism in Sexual Identity Reconsidered". *American Anthropologist*, vol. 92, n. 2, 1990, p. 433-446.

HERDT, G. (org.). *Third Sex, Third Gender* – Beyond sexual dimorphism in Culture and History. Nova York: Zone, 1994.

HOBBES, T. *Do cidadão*. São Paulo: Martins Fontes, 2002 [original: 1642].

_____. "Leviatan". *Os pensadores*. São Paulo: Abril, 1980 [original: 1651].

_____. *Elementorum Philosophiae* – Sectio Tertia: De Cive. Amsterdã: Elzevier, 1647.

HUXLEY, A. *Admirável mundo novo*. São Paulo: Abril, 1974 [original: 1931].

LAFARGUE, P. *O direito à preguiça*. São Paulo: Mandacaru, 1977 [original: 1880].

LOCKE, J. *Dois tratados sobre o governo*. São Paulo: Martins Fontes, 1998 [original: 1681].

_____. *Segundo tratado sobre o governo civil*. São Paulo: Abril, 1978 [original: 1681].

MACHADO DE ASSIS. *O alienista*. São Paulo: FDT, 1994 [original: 1882].

MAQUIAVEL. *O príncipe*. Brasília: UnB, 1982 [original: 1513].

MARX, K. *Crítica ao Programa de Gotha*. São Paulo: Boitempo, 2012 [original: 1875].

_____. *Contribuição à crítica da economia política*. São Paulo: Expressão Popular, 2008 [original: 1859].

MONTESQUIEU. *O espírito das leis*. São Paulo: Difusão Europeia do Livro, 1962 [original: 1748].

MORUS, T. "Utopia". *Os pensadores*. São Paulo: Abril, 1980 [original: 1516].

NIETZSCHE, F. *Para além do bem e do mal*. São Paulo: Schwarcz, 2001 [original: 1886].

NOLAN, W. & JOHNSON, G.C. *Logan's Run*. Nova York: The Dial, 1967.

OMS. *CID-10* – Classificação Estatística Internacional de Doenças e Problemas Relacionados à Saúde. Vol. 1/2. 10. rev. São Paulo: USP, 1997.

ONU. *Convenção sobre o Estatuto dos Apátridas*. Nova York, 28/09/1954.

ORWELL, G. *A revolução dos bichos*. São Paulo: Companhia das Letras, 2007 [original: 1945].

PAINE, T. *Os direitos do homem* – Uma resposta ao ataque do Sr. Burke à Revolução Francesa. Petrópolis: Vozes, 1989 [original: 1791].

PLATÃO. *A república*. Lisboa: Calouste Gulbenkian, 1993 [original: c. 380 a.C.].

_____. "Timeu". *Diálogos*. Belém: UFPA, 1986 [original: 360 a.C.].

ROUSSEAU, J.-J. "Discurso sobre a economia política". *Rousseau e as relações internacionais*. São Paulo: Imprensa Oficial do Estado, 2003 [original: 1775].

_____. *Emílio ou da educação*. São Paulo: Difel, 1979 [original: 1762].

_____. "Do contrato social". *Os pensadores*. Vol. XXIV. São Paulo: Abril, 1973a, p. 7-205 [original: 1762].

_____. "Discurso sobre a origem e os fundamentos da desigualdade entre os homens". *Os pensadores*. Vol. XXIV. São Paulo: Abril, 1973b, p. 223-316 [original: 1755].

SAINT-SIMON, C.H.R. *Letres d'un habitant de Genève à ses contemporains*. Paris: Alcan, 1925 [original: 1803].

_____. *New Christianity* [Disponível em http://www.sadena.com/Archive/New-Christianity/index.html] [original: 1825].

SEN, A.K. *Desigualdade reexaminada*. Rio de Janeiro: Record, 2001 [original: 1992].

SCHOPENHAUER, A. *A arte de lidar com mulheres*. São Paulo: Martins Fontes, 2004 [original: 1851].

SOLANAS, V. *Scum manifesto*. Londres: Verso, 2004 [original: 1967].

SPINOZA, B. *Tratado político*. São Paulo: Ícone, 1994 [original: 1675-1676].

TOCQUEVILLE, A. *O Antigo Regime e a revolução*. Brasília: UnB, 1989 [original: 1856].

WELLS, H.G. *A máquina do tempo*. Rio de Janeiro: Francisco Alves, 1983 [original: 1895].

_____. *História do futuro*. São Paulo: Companhia Editora Nacional, 1940 [original: *The Shape of Things to Come*, 1933].

_____. *A Modern Utopia*. Londres: Chapman & Hall, 1905 [Disponível em https://www.marxists.org/reference/archive/hgwells/1905/modern-utopia/].

WINSTANLEY, G. *The Law of Reedom in a Platform* (1652) [Disponível em http://www.bilderberg.org/land/lawofree.htm].

Bibliografia

ARENDT, H. *O que é política?* Rio de Janeiro: Bertrand, 1998 [original: 1950].

_____. *A condição humana*. Rio de Janeiro: Forense Universitária, 1989 [original: 1958].

ARIÉS, P. *História da família e da criança*. Rio de Janeiro: Zahar, 1980 [original: 1960].

BARROS, J.D'A. *A construção social da cor*. Petrópolis: Vozes, 2009.

_____. "Igualdade, desigualdade e diferença". *Análise Social*, n. 175, 2005, p. 345-366. Lisboa.

BASTIDE, R. *O candomblé na Bahia*. São Paulo: Companhia das Letras, 2001 [original: 1958].

_____. *As Américas Negras* – As civilizações africanas no Novo Mundo. São Paulo: Unesp, 1974.

_____. "Contribuição ao estudo do sincretismo católico-fetichista". *Estudos afro-brasileiros*. São Paulo: Perspectiva, 1973, p. 159-191 [original, 1946].

_____. *As religiões africanas no Brasil* – Contribuição a uma sociologia da interpenetração de civilizações. São Paulo: Pioneira, 1971 [original: 1960].

BENJAMIN, H. *Il fenomeno transessuale*. Roma: Astrolabio, 1968 [original: 1966].

BOBBIO, N. *A Teoria das Formas de Governo*. Brasília: UnB, 1997 [original: 1975-1976].

BOFF, L. *Igreja, carisma e poder*. Petrópolis: Vozes, 1982.

BOSSEUR, C. *Introdução à antipsiquiatria*. Rio de Janeiro: Zahar, 1976 [original: 1974].

BOURDIEU, P. *A dominação masculina*. Rio de Janeiro: Bertrand, 2005 [original: 1990].

_____. *Economia das trocas simbólicas*. São Paulo: Perspectiva, 1994.

BUTLER J. *Lenguaje, poder e identidad*. Madri: Síntesis, 2004 [original: 1997].

_____. *Problemas de gênero* – Feminismo e subversão da identidade. Rio de Janeiro: Civilização Brasileira, 2003 [original: 1990].

_____. *Cuerpos que importan* – Sobre los límites materiales y discusivos del sexo. Buenos Aires: Paidós, 2002 [original: 1993].

_____. *El género en disputa*. México: Paidós, 1991 [original: 1990].

CASTEL, P.-H. "Algumas reflexões para estabelecer a cronologia do 'fenômeno transexual' (1910-1995)". *Revista Brasileira de História*, vol. 21, n. 41, 2001. São Paulo.

CECARELLI, P.R. (org.). *Diferenças sexuais*. São Paulo: Escuta, 1999.

_____. "Diferenças sexuais... Quantas existem?" *II Congresso de Psicopatologia Fundamental*. São Paulo, 24-27/04/1997 [Disponível em http://www.pailegal.net/psisex.asp].

CORNEVIN, M. *Apartheid, poder e falsificação histórica*. Lisboa: Ed. 70, 1979.

COURTÉS, J. *Introdução à Semiótica Narrativa e Discursiva*. Coimbra: Almedina, 1979.

DE CASSAGNE, I. *Valorización y educación del niño en la Edad Media*. Buenos Aires: PUC, 2004.

DESROCHE, H. *Saint-Simon* – Le nouveau christianisme et les écrits sur la religion. Paris: Seuil, 1969.

DUBERMAN, M. *Stonewall*. Nova York: Dutton, 1993.

FERRETI, S. "Notas sobre o sincretismo religioso no Brasil: modelos, limitações, possibilidades". *Revista Tempo*, n. 11, jul./2001, p. 13-26. Niterói: UFF/Sete Letras.

_____. *Repensando o sincretismo*. São Paulo: Edusp, 1995.

FISK, N. "The how, the what, the why of a disease". In: LAUB, D. & GANDY, P. (orgs.). *Proceedings of the second interdisciplinary symposium on gender dysphoria syndrome*. Palo Alto: Stanford University Press, 1973.

FOUCAULT, M. "A loucura e a sociedade". *Problematização do sujeito*: Psicologia, Psiquiatria e Psicanálise. Rio de Janeiro: Forense Universitária, 2006 [original: 1983].

_____. *História da sexualidade* – (1) A vontade de saber. Rio de Janeiro: Graal, 2001a [original: 1976].

_____. *História da sexualidade* – (2) O uso dos prazeres. Rio de Janeiro: Graal, 2001b [original: 1984].

_____. *História da loucura na idade clássica*. São Paulo: Perspectiva, 1991 [original: 1961; 2. ed. francesa: 1972].

_____. *A microfísica do poder*. Rio de Janeiro: Graal, 1975.

FOUCAULT, M. (org.). *Herculine Barbin*: diário de um hermafrodita. Rio de Janeiro: Francisco Alves, 1982 [original: 1978].

FRANCO JÚNIOR, H. *Cocanha*: várias faces de uma utopia. São Paulo: Ateliê, 1998a.

_____. *Cocanha*: a história de um país imaginário. São Paulo: Companhia das Letras, 1998b.

_____. *As utopias medievais*. São Paulo: Brasiliense, 1992.

GREIMAS, A.J. *Sobre o sentido*: ensaios semióticos. Petrópolis: Vozes, 1975 [original: 1970].

_____. *Semântica Estrutural*. São Paulo: Cultrix, 1973 [original: 1966].

GREIMAS, A.J. & COURTÉS, J. *Dicionário de Semiótica*. São Paulo: Cultrix, 2002 [original: 1979].

GREIMAS, A.J. & LANDOWSKI, E. (orgs.). *Análise do discurso em Ciências Sociais*. São Paulo: Global, 1986 [original: 1979].

GUIMARÃES, A.S. "A desigualdade que anula a desigualdade – Notas sobre a ação afirmativa no Brasil". *Multiculturalismo e racismo*: o papel da ação afirmativa nos estados democráticos contemporâneos. Brasília: Ministério da Justiça, 1999.

HARGREAVES, A. *Race and Ethnicity in Contemporary France*. Londres: Routledge, 1995.

HASENBALG, C. & SILVA, N. "Raça e oportunidades educacionais no Brasil". *Estudos Afro-asiáticos*, n. 18, mai./1990, p. 73-91. Rio de Janeiro.

HEYWOOD, C. *Uma história da infância*: da Idade Média à Época Contemporânea no Ocidente. Porto Alegre: Artmed, 2004.

HILL, C. *O mundo de ponta-cabeça*. São Paulo: Companhia das Letras, 1991 [original: 1972].

JAGOSE, A. *Queer Theory*. Vitória: Melbourne University Press, 1997 [original: 1996].

LAQUEUR, T. *La fabrique du sexe*. Paris: Gallimard, 1992.

MACHADO, P.S. "O sexo dos anjos – Um olhar sobre a anatomia e a produção do sexo (como se fosse) natural". *Cadernos Pagu*, 24, jan.-jun./2005, p. 249-281.

MOLLAT, M. *O pobre na Idade Média*. Rio de Janeiro: Campus, 1989.

MUMFORD, L. *História das utopias*. Lisboa: Antígona, 2007 [original: 1922].

MUNANGA, K. "Políticas de ação afirmativa em benefício da população negra no Brasil – Um ponto de vista em defesa das cotas". *Espaço Acadêmico*, ano 2, n. 22, mar./2003 [Disponível em http://www.espacoacademico. com.br/022/22cmunanga.htm].

MUSSO, P. *Saint-Simon et les saint-simoniisme*. Paris: PUF, 1999.

OLSEN, S. *A história da humanidade*. Rio de Janeiro: Campus.

PERSON, E.S. & OVESEY, L. "Teorias psicanalíticas de identidade de gênero". In: CECARELLI, P.R. (org.). *Diferenças sexuais*. São Paulo: Escuta, 1999.

PETRE-GRENOUILLEAU, O. *Saint-Simon, l'utopie ou la raison en actes*. Paris: Payot, 2001.

POUCHELLE, C. *Corp set chirurgie à l'apogèe du Moyen Age*. Paris: Flammarion, 1983.

QUEIROZ, M.I.P. *Roger Bastide* – Sociologia. São Paulo: Ática, 1983.

RAMOS, A. *A aculturação negra no Brasil*. São Paulo: Nacional, 1942.

RIBEIRO, R. *Antropologia da religião e outros estudos*. Recife: Massangana/Joaquim Nabuco, 1982.

ROSE, A.M. "As origens do preconceito". *Raça e ciência II*. São Paulo: Perspectiva, 1972.

ROUDINESCO, E. (org.). *Foucault*: leituras da história da loucura. Rio de Janeiro: Relume-Dumará, 1994.

RUBIN, G. "Reflexionando sobre el sexo – Notas para una teoría radical de la sexualidad". In: VANCE C.S. *Placer y peligro*. Madri: Talasa, 1989 [original: 1984].

RUBIN, G. & BUTLER J. *Marché au sexe*. Paris: Epel, 2001 [original: 1984].

STOLLER, R. *Recherches sur l'identité sexuelle*. Paris: Gallimard, 1978.

WARNER, M. (org.). *Fear of a queer planet* – Queer Politics and Social Theory. Mineápolis: University of Minnesota Press, 1993 [original: 1991].

WILLIAMS, R. *Keyword*. Londres: Fontana, 1976.

WINANDY, J. "La femme: un home manqué". *Nouvelle Revue Theologique*, n. 9, 1978, p. 865-870.

Índice remissivo

Aculturação 26
Anarquismo 70, 120, 142, 157, 158
Antiguidade 13
Apartheid 33

Candomblé 26-27
Catolicismo 26, 27
Cidade do Sol 115-117
Cocanha 131-132
Conspiração dos Iguais 138-139
Contradição 10
Contrato Social 82

Democracia liberal. 81, 108
Diferenças de cor 28-29
Discriminação 34-36, 70
Discriminação racial 34
Direito natural 82
Distopia 12, 105, 106

Escravidão 14, 40-41, 49
Estado da Natureza 81
Eugenia 11
Extermínio 11

Falanstério 118
Faixas etárias 12

Gênero 50, 54

Homossexualismo 20

Icária 125
Igualdade aritmética 69
Igualdade geométrica 69, 71, 104
Igualdade laica 101
Igualitarismo
Indiferença 63
Infância 46-48

Liberalismo 92, 94
Liberdade 14, 86, 88, 98
Loucura 55

Mulher 20, 30-31, 42, 46, 50

Nacionalidade 23, 24
Necessidade 69, 72
Negro 27, 28, 34, 41
Nobreza 41, 82
Nova Atlântida (Bacon) 117-118

Poder absoluto 83
Políticas de afirmação 65, 66
Propriedade 13, 85, 91

Quadrado semiótico 16; 64

Raça 28-29, 51, 62
República (Platão)
Reversibilidade 14, 16-17
Religiosidade 24

Sexualidade 18
Sincretismo 25-2

Teoria da Resistência 94
Triângulo semiótico 17

Utopia (Morus) 112-115

Índice onomástico

Aquino, Tomás de 42-43
Arendt, Hanna 162-163
Ariés, Philippe 46
Aristoteles 42, 69-70
Assis, Francisco de 77

Babeuf, Graccus 131, 138, 140
Bacon, Francis 117-118
Ball, J. 78
Bastide, Roger 26, 27
Bellamy, Edward 146
Bobbio, Norberto 100
Bourdieu, P. 18, 165
Buonarotti, Filippo 140
Burke, Edmond 98

Cabet, Etienne 124-129
Campanella, Tomaso 115-117
Collignon 131-132
Condorcet, Nicolas 95

Engels, F. 151

Filmer, Robert 84, 85
Foucault, M 55
Fourier, Charles 118

Gournay, Vincent de 93

Herdt, Gilbert 18
Hobbes, Th. 79, 82-83, 88, 90

Huss, John 78
Huxley, Aldous 105-108

Locke, John 79, 80-84, 91

Machado de Assis 57
Maquiavel, Nicolo 97
Marx, Karl 72, 151, 158
Montesquieu 91
Mill, John Stuart 93-94
Morus, Thomas 112-115
Münzer, Thomas 130

Nietzsche, F. 100, 160

Owen, Robert 122, 124, 125, 130

Parks, Rosa 35-36
Pinel, Philippe 57
Platão 54, 102
Proudhon 158

Ramos, Arthur 26
Reich, Whilhelm 120
Rousseau, J-J. 79, 81, 85-92, 98, 160

Saint-Simon, C. 93, 122, 152
Schopenhauer, A. 44
Sen, Amartya 92, 100
Sylvain Marechal 132-133
Smith, Adam 93

Tocqueville, Alex 99

Voltaire 95

Wells, H.G. 134, 149
Winstanley, G. 141
Wycliffe, John 77

História Antiga: Grécia e Roma
A formação do Ocidente
Flávia Maria Schlee Eyler

Composta de quatro volumes, esta coleção sobre História Geral abrange a Antiguidade, a Idade Média, a Moderna e a Contemporânea do Ocidente. Os quatro livros foram concebidos como um projeto inteiro e, nesse sentido, se complementam, mas cada um deles é formatado de tal modo que pode ser adotado isoladamente na medida das necessidades específicas de professores e alunos.

Este volume trata da História Antiga, particularmente da Grécia e de Roma. A autora convida os leitores ao exercício de um pensamento que possa nos colocar diante dos problemas que os homens gregos e romanos enfrentaram e configuraram ao longo de sua história. Obedecendo a uma cronologia, são apresentadas questões que dizem respeito, sobretudo, à partilha do mundo tanto entre gregos quanto entre os romanos. Partilha essa compreendida como os diferentes tipos de organização humana enquanto respostas a determinadas circunstâncias históricas.

Flávia Maria Schlee Eyler possui graduação em História pela Pontifícia Universidade Católica do Rio de Janeiro, mestrado em História pela Universidade Federal Fluminense e doutorada em Letras pela Pontifícia Universidade Católica do Rio de Janeiro. Atualmente é professora do departamento de História da Pontifícia Universidade Católica do Rio de Janeiro. Tem experiência na área de História, com ênfase em História Antiga e Medieval, atuando principalmente nos seguintes temas: literatura, literatura antiga e medieval, história, ensino de história, Heródoto, Homero e Tucídides.

História Medieval do Ocidente
Daniela Buono Calainho

História Medieval do Ocidente tem por objetivo fornecer um panorama geral acerca do Ocidente cristão medieval, envolvendo aspectos econômicos, políticos, sociais, culturais e religiosos.

A obra vai dividir este vasto período em dois grandes blocos consagrados já pela historiografia, que são: a *Alta Idade Média*, englobando os séculos V a X, e a *Baixa Idade Média*, que se começou no século XI e se estendeu até o século XIV. O critério para esta divisão da Idade Média no Ocidente tem por base o *Feudalismo*, conceito que mais tarde será desenvolvido amplamente e aprofundado.

Portanto, a Alta Idade Média se caracterizou por um período de formação desta estrutura feudal, e no momento subsequente – a Baixa Idade Média –, esta estrutura já estava plenamente consolidada. Em cada um destes períodos serão trabalhados grandes temas (economia, política, sociedade, religiosidade, etc.), dentro da respectiva cronologia desta divisão historiográfica da Idade Média.

Daniela Buono Calainho é doutora em História (2000) pela Universidade Federal Fluminense com a tese Metrópole das Mandingas: Religiosidade Africana e Inquisição Portuguesa no Antigo Regime, publicada pela Editora Garamond (2008). Professora Associada da UERJ-FFP de História do Brasil Colonial, História Ibérica e História Medieval. Coordenadora do Núcleo de Estudos Inquisitoriais na UERJ-FFP.

CULTURAL

Administração
Antropologia
Biografias
Comunicação
Dinâmicas e Jogos
Ecologia e Meio Ambiente
Educação e Pedagogia
Filosofia
História
Letras e Literatura
Obras de referência
Política
Psicologia
Saúde e Nutrição
Serviço Social e Trabalho
Sociologia

CATEQUÉTICO PASTORAL

Catequese
Geral
Crisma
Primeira Eucaristia

Pastoral
Geral
Sacramental
Familiar
Social
Ensino Religioso Escolar

TEOLÓGICO ESPIRITUAL

Biografias
Devocionários
Espiritualidade e Mística
Espiritualidade Mariana
Franciscanismo
Autoconhecimento
Liturgia
Obras de referência
Sagrada Escritura e Livros Apócrifos

Teologia
Bíblica
Histórica
Prática
Sistemática

REVISTAS

Concilium
Estudos Bíblicos
Grande Sinal
REB (Revista Eclesiástica Brasileira)
SEDOC (Serviço de Documentação)

VOZES NOBILIS

Uma linha editorial especial, com importantes autores, alto valor agregado e qualidade superior.

VOZES DE BOLSO

Obras clássicas de Ciências Humanas em formato de bolso.

PRODUTOS SAZONAIS

Folhinha do Sagrado Coração de Jesus
Calendário de mesa do Sagrado Coração de Jesus
Agenda do Sagrado Coração de Jesus
Almanaque Santo Antônio
Agendinha
Diário Vozes
Meditações para o dia a dia
Encontro diário com Deus
Guia Litúrgico

CADASTRE-SE
www.vozes.com.br

EDITORA VOZES LTDA.
Rua Frei Luís, 100 – Centro – Cep 25689-900 – Petrópolis, RJ
Tel.: (24) 2233-9000 – Fax: (24) 2231-4676 – E-mail: vendas@vozes.com.br

UNIDADES NO BRASIL: Belo Horizonte, MG – Brasília, DF – Campinas, SP – Cuiabá, MT
Curitiba, PR – Florianópolis, SC – Fortaleza, CE – Goiânia, GO – Juiz de Fora, MG
Manaus, AM – Petrópolis, RJ – Porto Alegre, RS – Recife, PE – Rio de Janeiro, RJ
Salvador, BA – São Paulo, SP